湖北省社会科学基金项目（项目编号：2015264）
湖北省交通运输厅公路管理局科技项目（鄂路计〔2014〕297号）

交通管理研究丛书

湖北省普通公路建设与养护投资政策研究

熊友山　李刚　王孝斌　著

武汉大学出版社

图书在版编目(CIP)数据

湖北省普通公路建设与养护投资政策研究/熊友山,李刚,王孝斌著.—武汉:武汉大学出版社,2018.1
交通管理研究丛书
ISBN 978-7-307-19869-2

Ⅰ.湖… Ⅱ.①熊… ②李… ③王… Ⅲ.①道路工程—基本建设投资—投资政策—研究—湖北 ②公路养护—基本建设投资—投资政策—研究—湖北 Ⅳ.①U415.13 ②U418.2

中国版本图书馆 CIP 数据核字(2017)第 298145 号

责任编辑:胡 荣　　责任校对:汪欣怡　　整体设计:汪冰滢

出版发行:**武汉大学出版社**　(430072　武昌　珞珈山)
(电子邮件:cbs22@whu.edu.cn　网址:www.wdp.com.cn)
印刷:虎彩印艺股份有限公司
开本:720×1000　1/16　印张:12　字数:173 千字　插页:2
版次:2018 年 1 月第 1 版　　2018 年 1 月第 1 次印刷
ISBN 978-7-307-19869-2　　定价:36.00 元

版权所有,不得翻印;凡购我社的图书,如有质量问题,请与当地图书销售部门联系调换。

作者简介

熊友山

教授、教授级高级工程师,享受国务院特殊津贴专家,曾任西藏自治区公路管理局局长和湖北省公路管理局局长,是全国唯一在两个省任公路管理局局长的人。在31年的职业生涯中,还曾就职于交通部第二公路勘察设计院、湖北省交通规划设计院、湖北省樊魏高速公路建设指挥部、湖北交通职业技术学院,主持过沪宁高速、广惠高速、宜巴高速、谷竹高速等多条高速公路勘察设计以及襄樊至南阳高速公路湖北段的建设,多项科研成果获得国家、省部级奖项,先后荣获湖北省"五一"劳动奖章、湖北省劳动模范、全国交通运输系统抗震救灾先进个人、中国公路百名优秀工程师等荣誉称号。

李 刚

汉族,湖北京山人,博士研究生毕业,管理学博士,副教授,十年大型企业工作经验,2007年进入湖北交通职业技术学院,现任湖北交通职业技术学院建筑与艺术设计学院院长。致力于交通管理和职业教育研究,发表学术论文30余篇,主持或参与省部级科技项目研究20余项。目前担任中国建筑装饰协会学术与教育委员会副主任委员。

王孝斌

汉族,湖北荆州人,管理学博士,经济学博士后,教授,第五届全国优秀科技工作者,湖北省"科技创新源泉工程"创新创业人才,研究方向为人力资本与技术创新,现为湖北交通职业技术学院副校长,在《数量经济技术经济研究》、《中国工程科学》、《经济地理》、《生态经济》、《科技进步与对策》等期刊上发表学术论文20余篇,出版学术专著和教材3部,主持和参与多项国家、省部级研究课题和企业咨询项目的研究。

前　　言

本书试图采用定量方法研究普通公路建设与养护投资政策，为我国公路建设与养护投资政策的研究与制定奠定理论基础，丰富了交通政策研究的内涵，拓宽了交通政策研究的广度和深度。

该书以湖北省普通公路新改建工程、养护大中修工程、危桥加固改造工程、公路小修保养等现行投资政策为研究对象，采取"理论—比较研究—实践—理论—指导政策"的研究思路，通过借鉴投资学、管理学、经济学、组织行为学等多学科理论和研究方法，对普通公路建养投资政策的相关理论进行梳理，深入研究其内涵、产生背景、历史变迁，为湖北省普通公路建设与养护投资政策的研究奠定理论基础。通过对普通公路建设与养护投资政策的时空对比分析、现行相关政策（因素）影响、现行投资政策的普遍适应性和区域差异适应性等开展重点研究，采用政策效应理论和 DEA 分析模型建立普通公路建设与养护投资政策分析模型，分析普通公路建设与养护资金的使用效率与效果，找出湖北省现有普通公路建设与养护投资政策与发展不相适应的结构性因素，最后为促进湖北省普通公路建设与养护健康发展提供相关政策建议。本书的相关数据由荆州市公路管理局提供。

本书的研究成果得到了政府部门的采用，并根据该研究成果对湖北省"十三五"期间普通公路建设与养护投资政策进行了调整，有效调动了地方政府参与普通公路建设与养护的积极性，提高建养资金使用效率，降低公路全寿命周期成本，为地方经济发展提供保障，提高广大人民群众交通出行满意度，促进我省普通公路持续健康均衡发展。

该书的研究成果还获得2015年度湖北省社会科学基金项目资助(项目编号：2015264)和2015年度国家级科技思想库(湖北)优秀决策咨询成果三等奖。

本书在构建普通公路建设与养护投资政策定量研究框架、介绍普通公路建设与养护投资政策研究方法以及应用实践等方面有许多独到见解，具有明显的创新性。本书可作为公路管理、工程管理、交通管理、交通运输等专业学生及交通系统工作者的参考书籍。

由于《湖北省普通公路建设与养护投资政策研究》是应用性研究，尤为注重实证研究，理论研究部分相对偏少，再加上作者水平有限，虽几易其稿，书中错误和缺点在所难免，欢迎广大读者不吝赐教。

摘　　要

十八大提出"到 2020 年实现全面建成小康社会宏伟目标"、"牢牢把握扩大内需这一战略基点，保持投资合理增长，合理布局建设基础设施和基础产业"、"把推动发展的立足点转到提高质量和效益上来"，对加快交通运输业发展提出了新的更高要求。

随着国家燃油税费和财政"四项"改革、逐步有序取消政府还贷二级公路收费以及清理政府融资平台等相关政策的深入实施，湖北省普通公路建设与养护投资政策方面存在着融资难度大、建养资金补助标准偏低、"一刀切"补助标准没有体现区域差异、地方财政严重投入不足、危桥监管与改造压力巨大等诸多问题。因此，开展湖北省普通公路建养投资政策研究，对促进湖北省普通公路持续、健康与均衡发展具有重要意义。

本书拟采取"理论—比较研究—实践—理论—指导政策"的研究思路，通过借鉴投资学、管理学、经济学、组织行为学等多学科理论和研究方法，对普通公路建养投资政策的相关理论进行梳理，深入研究其内涵、产生背景、历史变迁，为湖北省普通公路建养投资政策研究打好理论基础。通过对普通公路建养投资政策的时空对比分析、现行相关政策（因素）影响、现行投资政策的普遍适应性和区域差异适应性等重点研究，采用政策效应理论和 DEA 分析模型建立普通公路投资政策分析模型，分析效率与效果，找出湖北省普通公路在建养方面现有的投资政策与发展不相适应的结构性因素，最终形成能够为湖北省普通公路建设"十三五"规划制定和促进其健康发展提供政策建议。

本书主要以湖北省普通公路建养体制、新改建工程、养护大中修工程、危桥加固改造工程、公路小修保养等现行投资政策为研究对象。采用二手资料收集、问卷调查和现场访谈等多种调研方法，结合聚类分析结果，选取武汉、荆州、襄阳、咸宁、宜昌、恩施等六个城市作为研究样本采集区域。

在二手资料研究中，深入剖析了我国普通公路投资政策体制的演变和现行国内各省普通公路投资政策以及国外（日本、美国、欧洲）典型国家或区域在普通公路建设与养护投资方面的经验，为后续研究和借鉴奠定了实践基础。

在顶层设计政策思路上，基于湖北省普通公路发展整体上已经从过去的"瓶颈制约"发展到目前的"基本适应"，并逐步过渡到"适度超前"的新阶段。因此，在设计新的投资政策时应当按照"尊重历史、符合实际、长远规划、动态调整"的思路，坚持"建养并重、存量优先、量力而行、体现差异、权责对等、统筹兼顾"的原则。

在农村公路方面，通过研究建养体制、新改建工程执行情况发现，由于农村公路的投资主体是县级人民政府，从"十一五"以来的建养计划执行率和完成情况都较好，地方配套积极性较高，能顺利完成计划目标任务甚至超额完成。因此，建议农村公路的投资政策保持原有不变。

在国省干线公路养护大中修方面，从"十二五"以来的执行情况看，地方政府对大修工程有一定的积极性，而对中修工程和预防性养护热情不高。因此，建议对大修工程按工程项目建安费的90%予以补助，对中修工程和预防性养护进行全额补助。

在公路危桥方面，由于受区域环境、经济发展状况等影响，各地的危桥改造成本有较大差异；各地危桥改造工程进度情况整体正常，资金到位率较高，执行情况较好。因此，建议危桥改造政策保持原有不变。同时由于近年来湖北省车辆数和车辆载重量的增长速度高于道路建设增长速度，车辆超载情况普遍存在，地方监管亟待加强。

在国省干线小修保养方面，在小修保养项目支出成本中，人员经费占比不容忽视，其已经成为小修保养成本的重要组成部分，现有的小修保养政策是3万元/(公里·年)(含人员经费)，目前各地区小修保养经费压力很大。通过对典型市州小修保养实际平均成本测算，国省干线小修保养年均实际支出成本是8.06万元/(年·公里)(含人员经费2.4万元/(公里·年))。

在国省干线新改建方面,通过对普通公路总体资金进行供需平衡测算,得到高、中、低三套新改建投资政策的补助标准,并对相应补助标准开展了宏观效应分析(采用 DEA 数据包络分析法),发现中方案与经济社会发展适应性最强,从而得到国省干线新改建投资政策补助标准(国省干线一级:1120 万元/公里,二级:322 万元/公里)。为克服全省政策"一刀切"的问题,在研究中按公路技术等级(一、二级公路)、区域经济发展水平(贫困地区、一般地区)、国省道重要性(重要道路、一般道路)等要素把公路分成 16 个维度等级,并采用平衡叠加法测算综合差异系数,从而得到不同类型道路相应的补助标准(见下表),这为湖北省新的投资政策制定提供了科学的依据。

表 湖北省"十三五"普通公路建设与养护差异化补助标准测算

(单位:万元/公里)

序号	类型	道路技术等级	经济发展水平	道路行政等级与重要性	"十三五"建养投资政策建议
1	国省干线	一级公路	贫困地区 1.26	国道(重要)1.39	1400
2				国道(一般)1.05	1200
3				省道(重要)1.11	1200
4				省道(一般)0.44	900
5			一般地区 0.95	国道(重要)1.39	1200
6				国道(一般)1.05	1000
7				省道(重要)1.11	1000
8				省道(一般)0.44	750
9		二级公路	贫困地区 1.11	国道(重要)1.39	400
10				国道(一般)1.05	350
11				省道(重要)1.11	350
12				省道(一般)0.44	250
13			一般地区 0.95	国道(重要)1.39	370
14				国道(一般)1.05	320
15				省道(重要)1.11	320
16				省道(一般)0.44	220

本书还进一步对"十二五"以来普通公路计划执行完成率的情况与普通公路健康发展的相关性展开了深入研究，界定了计划执行完成率70%和90%两个临界点，并将计划执行完成率在70%以下界定为政策"调整期"，计划执行完成率90%以上界定为投资政策"稳定期"，70%~90%之间是投资政策"观察期"，从而为今后湖北省普通公路投资政策的动态调整建立了相应的长效机制模型。

在本书的创新点方面，提出了普通公路投资新理念、构建了普通公路投资政策的分析框架、综合考虑普通公路建设成本、行政技术等级、区域资源禀赋、交通流量等因素，进行差异化投资，克服了过去"一刀切"的缺陷。

目　录

第一章　普通公路建养投资政策研究概述 ……………… 1
第一节　基本概念 ……………………………………… 1
一、公路 …………………………………………………… 1
二、普通公路 ……………………………………………… 1
三、投资政策 ……………………………………………… 2
四、投资体制 ……………………………………………… 5
五、普通公路划分标准 …………………………………… 6
第二节　宏观经济与公路交通发展形势 ……………… 9
一、公路交通是经济发展的重要支撑 …………………… 9
二、资金短缺是公路交通发展的制约因素 ……………… 10
第三节　湖北省普通公路建养投资政策研究的需求分析 …… 11
一、普通公路建养的融资难度大 ………………………… 11
二、普通公路建养资金补助标准偏低 …………………… 11
三、现有的"一刀切"补助标准没有体现区域差异 ……… 12
四、地方财政有限投入 …………………………………… 12
五、危桥监管与改造压力巨大 …………………………… 12
第四节　湖北省普通公路建养投资政策研究目的及意义 …… 12
一、研究目的 ……………………………………………… 12
二、研究意义 ……………………………………………… 13
第五节　湖北省普通公路建养投资政策研究的研究对象 …… 13
第六节　湖北省普通公路建养投资政策研究样本选取 ……… 15
一、样本选择原则 ………………………………………… 15
二、样本选取中区域划分指标体系的构建 ……………… 16

三、样本选取中区域划分采用的方法 ………………………… 17
　　四、同质区域聚类分析结果 …………………………………… 18
　　五、数据采集样本区域的确定 ………………………………… 19
第七节　湖北省普通公路建养投资政策研究的思路及
　　　　 技术路线 …………………………………………………… 19
　　一、研究的思路 ………………………………………………… 19
　　二、技术路线 …………………………………………………… 20

第二章　国内外普通公路建养投资政策体制研究 …………… 21
第一节　我国普通公路投资体制演变 ………………………………… 21
　　一、1979 年(三中全会)以前 …………………………………… 21
　　二、1979—1996 年 ……………………………………………… 21
　　三、1996—2008 年 ……………………………………………… 22
　　四、2009 年至今 ………………………………………………… 22
第二节　国外普通公路建养投资体制经验 …………………………… 23
　　一、日本经验 …………………………………………………… 23
　　二、美国经验 …………………………………………………… 28
　　三、欧洲经验 …………………………………………………… 31

第三章　省内外普通公路建设与养护投资政策调查 ………… 35
第一节　我国普通公路投资政策演变 ………………………………… 35
　　一、以地方政府为主的公路资金筹集政策 …………………… 35
　　二、普通公路资金依靠公路用户费(税)的政策 ……………… 36
　　三、多种筹资方式并存的政策 ………………………………… 36
　　四、使用中央财政专项资金的政策 …………………………… 37
　　五、部省补助、地方配套的政策 ……………………………… 37
第二节　外省普通公路建设与养护现行投资政策 …………………… 37
　　一、安徽政策 …………………………………………………… 40
　　二、江西政策 …………………………………………………… 41
　　三、其他省市普通公路建养投资政策 ………………………… 44
第三节　湖北省普通公路建设与养护现行投资政策 ………………… 46

一、湖北省普通公路建设与养护现行投资体制 …………… 46
二、湖北省普通公路建设与养护现行投资政策现状 ……… 48

第四章 湖北省普通公路新改建工程投资政策研究 …………… 53
第一节 湖北省普通公路新改建工程现行投资政策概述 …… 53
一、湖北省普通公路新改建工程现行投资补助标准 ……… 53
二、湖北省普通公路新改建工程现行投资政策特点 ……… 54
第二节 湖北省普通公路新改建工程计划执行情况 ………… 55
一、普通国省干线公路新改建工程计划执行情况 ………… 55
二、农村公路新改建工程计划执行情况 …………………… 58
第三节 湖北省普通公路新改建工程投资情况 ……………… 59
一、普通干线公路新改建工程投资情况 …………………… 59
二、农村公路新改建工程投资情况 ………………………… 63
三、地方财务配套能力 ……………………………………… 67
第四节 湖北省普通公路新改建工程成本分析 ……………… 69
一、新改建成本分析方法 …………………………………… 69
二、国省干线新改建成本分析 ……………………………… 70
三、农村公路新改建工程成本分析 ………………………… 75
第五节 湖北省新改建工程投资政策研究小结 ……………… 80
一、同一技术等级不同地域新改建工程成本差异较大 …… 80
二、县市在国省干线新改建工程项目中面临的资金压力加大，
计划执行情况呈下降趋势 …………………………………… 80
三、县市作为农村公路的投资主体，计划执行情况较好 … 82

第五章 湖北省普通公路养护大中修工程投资政策研究 ……… 83
第一节 湖北省普通公路养护大中修工程现行投资政策
概述 ……………………………………………………… 83
一、湖北省普通公路养护大中修工程现行投资补助标准 … 83
二、现行政策对湖北省普通公路养护大中修工程的影响 … 84
第二节 湖北省普通公路养护大中修工程需求分析 ………… 85
第三节 湖北省普通公路养护大中修工程计划执行情况 …… 89

一、大修养护工程计划执行情况 ………………… 89
　　二、中修养护工程计划执行情况 ………………… 90
　第四节　湖北省普通公路养护大中修工程投资情况 … 92
　第五节　湖北省普通公路养护大中修工程成本分析 … 94
　　一、养护大中修成本分析方法概述 ……………… 94
　　二、大中修工程成本分析 ………………………… 94
　第六节　湖北省普通公路养护大中修工程投资政策
　　　　　研究小结 ……………………………………… 96
　　一、计划执行情况呈下降趋势，而养护大中修工程需求快速
　　　　增长，工程成本持续上涨，使得地方面临的资金
　　　　压力加剧 ………………………………………… 96
　　二、地方对于养护大中修工程关注度不够，地方公路管理
　　　　部门开展工作有难度 …………………………… 97

第六章　湖北省普通公路危桥改造工程投资政策研究 …… 98
　第一节　湖北省普通公路危桥改造工程现行投资政策概述 …… 98
　第二节　湖北省危桥改造需求分析 …………………………… 100
　　一、桥型的被动选用 ……………………………… 100
　　二、设计标准较低，载重压力大 ………………… 100
　　三、施工工艺水平较低 …………………………… 100
　　四、车流量快速增长 ……………………………… 101
　　五、超载超重车辆上桥行驶，致使桥梁结构受损 … 101
　第三节　湖北省普通公路危桥改造工程计划执行情况 …… 101
　第四节　湖北省普通公路危桥改造工程投资情况 ………… 105
　　一、国省道危桥改造部省补助资金到位情况 …… 105
　　二、国省道危桥改造地方配套资金到位情况 …… 106
　第五节　湖北省普通公路危桥改造成本分析 ……………… 107
　　一、普通公路危桥改造成本分析方法概述 ……… 107
　　二、普通公路危桥改造成本分析 ………………… 108
　第六节　普通公路危桥改造工程投资政策研究小结 ……… 110

一、湖北省桥梁种类多，危桥成因情况复杂，
　　地方监管亟待加强……………………………………… 110
二、湖北省危桥改造工程进度情况整体正常………………… 111
三、危桥改造资金到位情况较好……………………………… 111

第七章　湖北省普通公路小修保养投资政策研究………… 112
第一节　普通公路小修保养工程现行投资政策概述………… 112
第二节　普通公路小修保养内容……………………………… 113
第三节　湖北省普通干线公路小修保养需求分析…………… 114
第四节　湖北省普通公路小修保养成本分析………………… 115
第五节　湖北省普通公路小修保养投资政策小结…………… 122

第八章　湖北省"十三五"普通公路建养供需资金预测……… 124
第一节　湖北省"十三五"用于普通公路建养资金预测思路…… 124
一、湖北省"十三五"用于普通公路的车购税资金预测 … 124
二、湖北省"十三五"用于普通公路的燃油税资金预测 … 127
三、湖北省"十三五"用于普通公路的高速公路调
　　标费预测……………………………………………… 129
四、湖北省"十三五"用于普通公路的地方债券资金预测…… 130
五、湖北省"十三五"普通公路建养投入资金综合预测 … 131
第二节　湖北省"十三五"普通公路建养需求资金测算 … 132
一、湖北省"十三五"普通公路建养需求资金测算方法 … 132
二、湖北省"十三五"普通公路建养目标任务…………… 134
三、湖北省"十三五"普通公路建养项目成本…………… 135
四、湖北省"十三五"普通公路需求资金测算结果
　　（除国省干线一、二级公路）……………………… 138

第九章　湖北省"十三五"普通公路建养供需资金平衡测算 … 141
第一节　湖北省"十三五"普通公路建养投资政策设计原则…… 141
一、建养并重的原则…………………………………………… 141
二、存量优先的原则…………………………………………… 141

三、量力而行的原则…………………………………………… 142
　　四、体现差异的原则…………………………………………… 142
　　五、权责对等的原则…………………………………………… 142
　　六、统筹兼顾的原则…………………………………………… 142
　第二节　湖北省"十三五"普通公路建养投资资金平衡
　　　　　测算方法……………………………………………… 142
　第三节　湖北省"十三五"普通公路建养投资资金平衡
　　　　　测算结果……………………………………………… 143
　　一、不考虑差异因素的平衡测算结果………………………… 143
　　二、考虑差异因素的平衡测算修正结果……………………… 146

第十章　湖北省"十三五"普通公路建养投资政策宏观效应分析…………………………………………………………… 152

　第一节　湖北省公路建养投资政策与经济社会发展的关系…… 152
　　一、湖北省公路投资与经济增长数量关系…………………… 152
　　二、湖北省公路投资存量与经济增长情况…………………… 152
　第二节　湖北省普通公路建养投资政策与经济社会发展的
　　　　　适应性分析…………………………………………… 154
　　一、投资政策与经济社会发展适应性分析的模型建立……… 154
　　二、投资政策与经济社会发展适应性分析的指标选取……… 157
　　三、投资政策与经济社会发展适应性评价…………………… 159
　　四、投资政策与经济社会发展适应性结果分析……………… 160
　　五、普通公路建养投资政策动态调整机制…………………… 161

第十一章　湖北省普通公路建养投资政策研究的相关政策建议…………………………………………………………… 163

　第一节　湖北省普通公路建养投资体制改革建议……………… 163
　　一、在管理体制上，明确责任主体…………………………… 163
　　二、在资金拨付体系上，明确专项资金使用范围…………… 163
　第二节　制定科学合理的投资政策测算方法…………………… 163
　　一、总量测算达到供需平衡…………………………………… 163

二、区域差异化测算促进均衡发展 …………………… 164
  第三节　湖北省普通公路建养投资政策改革建议 ………… 164
　　一、新改建工程部省补助标准 ……………………………… 164
　　二、国省道大中修工程部省补助标准 ……………………… 164
　　三、国省干线危桥改造工程 ………………………………… 164
　　四、小修保养 ………………………………………………… 165
　　五、加强设施设备保障条件 ………………………………… 166

附表一　"十三五"普通公路建设与养护资金供需平衡测算表 …… 168

附表二　不考虑差异因素的"十三五"普通公路建养补助标准 …… 170

附表三　考虑差异因素的"十三五"普通公路建养补助标准 … 171

附表四　湖北省"十三五"普通公路建养投资政策比对 ……… 172

参考文献 …………………………………………………………… 175

后记 ………………………………………………………………… 177

第一章　普通公路建养投资政策研究概述

当前,我国仍处于工业化、城市化、消费结构升级、收入较快增长阶段,一些新的增长拉动因素正在形成,经济基本上发展良好。交通作为社会经济发展的基础性产业,是一个地区物质文明、精神文明和政治文明的重要标志。为实现2020年全面建成小康社会发展目标,必须加快交通投资步伐,早日实现交通现代化。

第一节　基本概念

一、公路

公路主要是由路基、路面、桥梁、涵洞、渡口码头、隧道、绿化、通信、照明等设备及其他沿线设施组成。

道路是供各种车辆(无轨)和行人通行的工程设施。按其使用特点分为城市道路、公路、厂矿道路、林区道路及乡村道路等。其中城市道路是指城市规划区内的公共道路,一般划设人行道、车行道和交通隔离设施等。包括城市快速路、城市主干道、城市次干道、城市支路。

二、普通公路

根据国务院办公厅转发的国家发展改革委、财政部、交通运输部《关于进一步完善投融资政策促进普通公路持续健康发展的若干意见》(国办发〔2011〕22号)对普通公路定义为:普通公路是指除高速公路以外的、为公众出行提供基础性普遍服务的普通国省干线公路和农村公路。

三、投资政策

投资政策是管理总部基于战略发展结构规划而对集团整体及各成员企业的投资及其管理行为所确立的基本规范与判断取向标准，包括投资领域、投资方式、投资质量标准、投资财务标准等基本内容。

（一）西方国家投资政策

在自由资本主义时期，投资和其他经济活动一样，主要是资本家私人决定的事情，国家对私人投资一般不加干预。在资本主义进入垄断时期以后，特别是1929年爆发了空前规模的世界经济危机，资本主义经济陷入长期萧条状态，失业问题极为严重。传统的资产阶级经济学关于市场自动调节机制的理论逐步被 J. M. 凯恩斯的有效需求理论所取代。

西方国家纷纷放弃自由放任政策，实行国家对宏观经济的干预和调节。其中，对投资的干预和调节占有重要的地位，由此而形成了相应的投资政策。西方投资政策主要是为了扩大有效需求，但由于存在着周期性的经济波动，在实施中通常针对不同情况，采用扩张性或紧缩性政策，并与财政政策、货币政策密切结合。在经济萧条时期，针对有效需求不足的状况，采取扩张性投资政策。在财政政策方面降低税率和扩大开支。减税可以增加企业和个人的收入，刺激企业增加投资和个人增加消费，而消费增加又可以扩大对投资的需求。扩大财政支出主要是扩大政府购买的金额，增加公共工程的开支，通过扩大公私消费以刺激投资，必要时不惜扩大财政赤字，增发公债。在货币政策方面则放松银根，扩大银行贷款并降低利率，以刺激投资的增长。为此，中央银行可以降低再贴现率和商业银行的法定准备率，并通过公开市场业务购进政府债券，以扩大货币供给量。此外，在对外贸易政策方面，扩大商品输出和资本输出，后者可以直接刺激投资，前者如实现贸易顺差也意味着投资。

相反，在经济过热、通货膨胀时期，则采取紧缩性的投资政策。

与此相适应，在财政方面，提高税率，减缩财政开支，以遏制消费和投资，促使经济稳定增长；在货币政策方面，控制货币供应量，提高利率，遏制投资；在外贸政策方面，控制商品输出和资本输出。

（二）发展中国家投资政策

第二次世界大战后，资本主义殖民体系瓦解，出现了许多发展中国家，其中除社会主义国家外，更多的是新兴的民族独立国家。这些民族独立国家以资产阶级经济理论为指导，沿着资本主义道路发展本国经济。同时受到社会主义国家建设成就的某些影响，形成独自的发展经济学理论以及相关的经济政策。对于包括投资在内的整个社会经济的运行，发展中国家一般认为自由放任政策不完全适用，而采取私人经济与国家控制经济相结合的"混合经济"方式。对投资如何安排，有所谓"平衡增长"与"不平衡增长"的战略。"平衡增长"理论认为，应着眼于依靠投资本身来解决市场问题，即同时建立各种相互依存的工业，使某一部门的产出成为其他部门的投入，从而造成市场的全面扩大，各部门实现全面增长。"不平衡增长"理论则认为，发展中国家资金有限，不可能实现平衡增长，主张把投资集中于某些"主导部门"，以带动其他部门的发展。

（三）中国投资政策

中国的投资政策体现在各个时期中国共产党的纲领、决议和政府关于国民经济和社会发展的各个长期规划和五年计划之中。主要包括：

（1）投资所需的资金主要依靠自力更生，依靠内部积累，同时尽可能争取外资。中华人民共和国成立初期，没收官僚资本归全民所有，没收地主的土地归农民所有，并免除了农民缴纳的巨额封建地租，为投资提供了可靠的内部源泉。在第一个五年计划时期（1953—1957年），国家集中主要力量进行了规模巨大的、以重工业为中心而以苏联援建的156个建设项目为重点的基本建设投资，为工业化和国防现代化奠定了初步基础。其后在没有外援的条件下，凭借原有基础，自力更生地建成了独立的、比较完整的工业体系。20世纪80年代对外开放以后，尽力争取一切可能争取的外资和技术，以增强自力更生地建设社会主义的能力，加速实现现代化。

(2)建设本国独立的工业体系和国民经济体系,形成独立统一的发展战略,经济上充分发展与国外的往来,但绝不依附于任何外国。

(3)经济建设与人民生活相互兼顾,相互平衡。在经济还不发达的情况下,这种平衡只能是相对的平衡。在适应劳动生产力增长的前提下,逐步提高人民的生活水平。

(4)按照"先生产,后基建"、"先挖潜、革新、改造,后新建、扩建"的方针安排固定资产投资,坚持财政、信贷、物资、外汇的各自平衡和综合平衡,使投资规模与国家的财力物力相适应。

(5)国民经济以农业为基础,工业为主导。以农业、轻工业、重工业为序,结合其他方面需要,按比例、妥善地安排投资,优化投资结构,以促进产业结构和经济结构的优化,促使国民经济持续、稳定、协调地发展。

(6)合理安排投资布局,避免盲目建设和地区之间不必要的重复建设。既坚持全国一盘棋,使各个局部服从整体战略安排,又照顾各地特殊情况,发挥地区优势。

(7)统筹兼顾国家重点建设和现有企业的技术改造,分清轻重缓急,妥善安排。

(8)合理安排技术结构。根据世界技术发展水平和公认的标准,结合中国实际,把不同等级的技术(如先进技术、中等技术、落后技术等)的组合和比例具体落实到不同地区、部门、行业中的有关投资建设上去。既考虑技术水平的不断提高,保证某些必要的先进技术乃至尖端技术的采用,又考虑中国经济文化仍较落后,资金和技术力量短缺,而劳动力资源丰富的特殊条件。

(9)按照以公有制为主体,发展社会主义经济的要求,建立计划经济与市场调节相结合的投资体制和运行机制。属于投资规模、投资结构、投资布局、技术结构以及重大建设项目等关系全局的重大活动,主要发挥计划的作用,以保证国民经济按比例发展和资源合理配置;一般性技术改造和小型建设,主要由市场调节。计划、财政、金融三位一体,密切配合。重点建设实行指令性计划管理,由财政供应资金；一般建设实行指导性计划，由财政、银行根据国家计划和有关的产业政策、地区政策，运用经济的、法律的和行政的手段进行调控。

四、投资体制

投资体制在中国一般是固定资产投资活动运行机制和管理制度的总称，是经济体制的重要组成部分。投资体制主要包括：投资主体的确立及其行为方式、投资资金的筹借途径，投资利益的划分、投资管理权限的划分、项目决策程序以及宏观调控方式和机构设置等。

(一)投资体制组成

从不同的角度来考察投资体制，有不同的组成：

(1)从系统论的角度来看，由投资决策系统、调控系统、动力系统和信息系统组成。

(2)从管理组织看，由投资主体的决策层次与结构、投资运行机制和投资领域内各经济实体之间的关系三者组成。

(3)从管理职能看，包括投资计划管理体制、投资资金管理体制和投资的经营管理体制。

(4)从管理对象看，包括投资基础上管理体制、设计体制、施工体制等。

(二)投资体制改革历程

从1979年至今，我国投资体制改革出现了四次高潮。我国的投资体制改革是与经济体制改革同步的，1979年年初的全国基本建设工作会议提出的"拨改贷"试点决定，掀起了投资体制改革的序幕。

1. 第一高潮

以1984年国务院发布《关于改革建筑业和基本建设管理体制的若干问题的暂行规定》为标志。这一阶段的改革从下放权限、缩小指令性计划范围入手，主要集中在对项目建设实施阶段的管理体制进行全面改革，具体改革措施如下：适当缩小指令性计划的范围；下放项目审批权限；实行承包责任制；实行"拨改贷"。

2. 第二次高潮

以1988年国务院发布《关于投资体制近期改革》改革为标志。这一阶段改革的重点集中在对政府投资范围、资金来源和经营方式进行初步改革。对重大的长期建设投资实行分层次管理，强化了地方重点建设责任；扩大企业的投资决策权；建立基本建设基金制，保证重点项目的资金来源；成立国家专业投资公司，用经济办法对投资进行管理；强化投资主体自我约束机制，改善宏观调控体系；实行招标、投标制，充分发挥市场机制和竞争机制的作用。

3. 第三次高潮

以1992年初邓小平南方视察讲话为标志。明确了投资体制改革的市场取向；实行政策性金融和商业性金融的分离，组建国家开发银行；改革的重点是逐步建立法人投资和银行信贷的风险责任；投融资体制改革的初步到位与运行。

4. 第四次高潮

以2004年7月国务院发布的《国务院关于投资体制改革的决定》为标志。经过20多年的改革，中国投资体制发生了很大的变化，主要表现在：投资主体的多元化；投资方式的多元化；在投资计划管理中，开始运用经济杠杆和间接手段进行管理，为建立新的投资宏观调控体系积累了一定的经验。改革开放以来，国家对原有的投资体制进行了一系列改革，打破了传统计划经济体制下高度集中的投资管理模式，初步形成了投资主体多元化、资金来源多渠道、投资方式多样化、项目建设市场化的新格局。

现行的投资体制还存在不少问题，特别是企业的投资决策权没有完全落实，市场配置资源的基础性作用尚未得到充分发挥，政府投资决策的科学化、民主化水平需要进一步提高，投资宏观调控和监管的有效性需要增强。

五、普通公路划分标准

（一）按经济发展水平来划分

以经济发展水平为主，以区域地形地貌为辅来分类，分为一般地区和贫困地区。

一般地区是指经济发展水平较好，人均收入不低于全省平均水平的地区，地形地貌以平原和微丘为主的县市，如天门市、潜江市等。

贫困地区一般指生产力发展水平低，人均收入明显低于全省平均水平的地区，主要是25个国家级贫困县和4个省级贫困县。（国家级贫困县：丹江口市、郧县、郧西县、竹山县、竹溪县、房县、大悟县、孝昌县、麻城市、红安县、蕲春县、英山县、罗田县、阳新县、秭归县、长阳县、利川市、建始县、巴东县、恩施市、宣恩县、来凤县、咸丰县、鹤峰县、神农架林区；省级贫困县：五峰县、团风县、保康县、通山县）

（二）按公路行政等级来划分

公路按行政等级可分为：国道、省道、县道、乡道和专用公路五个等级。一般把国道和省道称为干线，县道和乡道称为支线。

国道是指具有全国性政治、经济意义的主要干线公路，包括重要的国际公路，国防公路、连接首都与各省、自治区、直辖市首府的公路，连接各大经济中心、港站枢纽、商品生产基地和战略要地的公路。国道中跨省的高速公路由交通部批准的专门机构负责修建、养护和管理。如318国道从上海市到拉萨市到日喀则市、通向珠峰，是川藏公路南线的主干，219国道是新藏公路。

省道是指具有全省（自治区、直辖市）政治、经济意义，并由省（自治区、直辖市）公路主管部门负责修建、养护和管理的公路干线。

县道是指具有全县（县级市）政治、经济意义，连接县城和县内主要乡（镇）、主要商品生产和集散地的公路，以及不属于国道、省道的县际间公路。县道由县、市公路主管部门负责修建、养护和管理。

乡道是指主要为乡（镇）村经济、文化、行政服务的公路，以及不属于县道以上公路的乡与乡之间及乡与外部联络的公路。乡道由乡人民政府负责修建、养护和管理。

专用公路是指专供或主要供厂矿、林区、农场、油田、旅游区、军事要地等与外部联系的公路。专用公路由专用单位负责修建、养护和管理。也可委托当地公路部门修建、养护和管理。

(三) 按公路技术等级来划分

现代公路是指连接城市之间、城乡之间、乡村与乡村之间和工矿基地之间，按照国家技术标准修建的，由公路主管部门验收认可的道路，根据公路的使用任务、功能和流量进行划分。中华人民共和国《公路工程技术标准》根据公路使用任务、功能和适应的交通量，将普通公路分为一级公路、二级公路、三级公路、四级公路。

1. 一级公路

一级公路为供汽车分向、分车道行驶，并部分控制出入、部分立体交叉的公路，主要连接重要政治、经济中心，通往重点工矿区，是国家的干线公路。四车道一级公路一般能适应按各种汽车折合成小客车的远景设计年平均昼夜交通量为15000~30000辆；六车道一级公路一般能适应按各种汽车折合成小客车的远景设计年平均昼夜交通量为25000~55000辆。

2. 二级公路

二级公路是连接政治、经济中心或大工矿区等地的干线公路，或运输繁忙的城郊公路。一般能适应各种车辆行驶，二级公路一般能适应按各种车辆折合成中型载重汽车的远景设计年限年平均昼夜交通量为3000~7500辆。

3. 三级公路

三级公路是沟通县及县以上城镇的一般干线公路。通常能适应各种车辆行驶，三级公路一般能适应按各种车辆折合成中型载重汽车的远景设计年限年平均昼夜交通量为1000~4000辆。

4. 四级公路

四级公路是沟通县、乡、村等的支线公路。通常能适应各种车辆行驶，四级公路一般能适应按各种车辆折合成中型载重汽车的远景设计年限年平均昼夜交通量为：双车道1500辆以下；单车道200辆以下。

(四) 按公路重要性来划分

按国省道在经济发展和地区影响的重要性来分，分为重要道路和一般道路。对于国省道来说，可以分为重要国道、一般国道、重要省道、一般省道。对于湖北省目前的国省道，根据其道路重要性而言，具体是指：

(1)重要国道是指 20 世纪 80 年代初期国家规划的"12 射、28 纵、30 横"国道主干线，湖北省重要国道包括 G105、G106、G107、G207、G209、G312、G316、G318 共 8 条线路。

(2)一般国道是指《2013—2030 年国家公路网规划》确定的新增国道主干线，湖北省一般国道包括 G220、G230、G234、G240、G241、G242、G328、G346、G347、G348、G350、G351、G353、G541 共 14 条线路。

(3)重要省道是指《2002—2020 年湖北省骨架公路网规划》确定的省道主干线(不含规划为国道的现有省道)，湖北省重要省道包括 49 条线路。

(4)一般省道是指《2011—2030 年湖北省省道网规划纲要》确定的新增省道主干线(线路主要来源于现有部分县道、乡道、村道)，湖北省一般省道包括 213 条线路。

综上所述，普通公路划分的一般标准如表 1-1 所示。

表 1-1　　　　　　普通公路划分的一般标准

划分维度	划分类型
经济发展水平	一般地区、贫困地区
行政等级	国道、省道
技术等级	一级公路、二级公路
重要性	重要公路、一般公路

第二节　宏观经济与公路交通发展形势

一、公路交通是经济发展的重要支撑

经济活动需要交通参与以优化社会资源配置，发挥核心竞争力，连接产业价值链，获得更多的交易与收益，交通对经济发展起到了一个先行和开创的作用；同时，交通是为经济活动服务的，只有经济发展到一定的程度，才会对交通进行大规模的投资建设，引入新型的和高质量的交通工具，以满足未来经济的进一步发展要求。

随着科学技术的迅猛发展和社会分工的日益精细化，交通的基础性作用逐渐突显。交通不再单纯的仅具有运输功能，而是延伸到社会经济生活的各个方面。交通既承载着现代经济社会活动，同时它本身又是一种复杂的经济社会活动，是国民经济中一个重要的组成部分，现代经济社会的发展已经越来越依赖交通发展，可以认为一个区域交通的发达程度决定了当地经济的发展速度。

我国实行的是"交通优先"战略和"五纵五横"战略。国家统计局数据显示，截至 2014 年年底，全国铁路营业里程达到 11.2 万公里，公路总里程 446.39 万公里，颁证民用航空机场 202 个；全社会完成客运量 220.94 亿人，铁路完成旅客发送量 23.57 亿人，营业性客运车辆完成公路客运量 190.82 亿人，水路客运量 2.63 亿人，民航完成旅客运输量 3.9 亿人次。

"要致富，先修路"、"经济发展，交通先行"，这些充分说明了交通对一个地区经济社会发展的巨大作用。在全民共奔小康的新形势下，"路路通则百业兴"、"路路通则市势强"又已成为全国上下努力的目标和行动的方向，交通在促进经济社会发展的要素中，扮演着越来越最重要的角色。

二、资金短缺是公路交通发展的制约因素

当前我国交通运输行业正处在转型发展的关键时期，随着财政体制和管理制度改革的不断深化，特别受 2009 年成品油价格税费改革、政府还贷二级公路取消、收费公路专项清理，以及 2010 年以来紧缩货币政策、地方政府性债务严控等多方因素的影响，交通发展受资金制约现象也越来越突出，尤其交通建设融资工作面临较大困难。主要表现为交通部门偿还存量债务压力大，新增融资渠道困难，交通建设资金供需缺口大。最主要的问题就是交通的发展仍滞后于经济的发展。主要体现在人均拥有道路长度和面积偏低，低于一般发达国家的水平，而且我国机动车辆的增长率也远高于道路里程的增长率。

虽然我国交通供给紧张，却又同时存在着大量的交通建设浪费和闲置的现象。我国经济发展的区域性十分明显，总体而言就是东部地区发达，而西部地区相对比较落后。交通对于我国经济的协调发展、产业的布局优化、社会稳定和民族团结乃至国家安全都有着重要的作用。一方面对欠发达地区交通的投入促使当地经济的活跃发展，另一方面全国性的交通可加强不同地域间经济的联系，形成全国性统一市场，有利于发掘欠发达地区发展潜力，促进区域经济的一体化和差异的收敛。同时我国又是一个幅员辽阔的国家，南北跨度达到50度，地形复杂多样，平原、高原、山地、丘陵和盆地地形齐全，这使得每个地区的发展所面临的交通与经济增长的关系各不相同，也带有明显的区域特征。

第三节　湖北省普通公路建养投资政策研究的需求分析

随着2009年国家燃油税费和财政"四项"改革、逐步有序取消政府还贷二级公路收费以及清理政府融资平台等相关政策的深入实施，尤其是"十二五"以来湖北省普通公路发展存在诸多难题。

一、普通公路建养的融资难度大

由于目前普通干线公路基本不设收费站，加上普通公路的公益属性决定了项目建设融资困难，以及政府还贷二级公路收费站撤销，普通公路"贷款修路、收费还贷"的融资平台基本消失，在新形势下，普通公路建养的资金渠道依靠部省补助和地方财政资金配套，资金筹措渠道单一。

二、普通公路建养资金补助标准偏低

近年来随着社会经济的快速发展和CPI指数的逐年上涨，受材料、人工费用上涨及征地拆迁难度和成本等因素的影响，普通公路建养成本大幅上涨，普通公路部省补助资金标准自"十五"以来一直没有提高，补助资金占全部建养成本比例越来越低，地方配套资

金的绝对值越来越大，加之地方财政配套能力有限，必然加大地方公路管理部门在建养等方面开展工作的困难。

三、现有的"一刀切"补助标准没有体现区域差异

由于湖北省地缘辽阔，地形复杂，全省各区域的地质条件、资源禀赋、社会经济等要素的差异，导致普通公路的建养成本差异巨大，有些区域建养成本可能是其他区域成本的好几倍，而湖北省现行"一刀切"补助标准没有考虑这些差异，这样就必然导致普通公路区域发展的不均衡性。

四、地方财政有限投入

随着建养成本的加大，而建养成本中省补助资金没有相应提高，这样需要地方配套的资金也就越来越多，又由于地方政府在普通公路建养资金投入的认识参差不齐，所以建养资金缺口越来越大，导致建养项目难以顺利实施。

五、危桥监管与改造压力巨大

"十一五"以来，湖北省普通公路危桥加固改造实行"部省定额补助、地方自筹"的政策，随着普通公路车流量的快速增长，致使危桥管理与改造工作面临前所未有的困难。

第四节 湖北省普通公路建养投资政策研究目的及意义

十八大提出，到 2020 年实现全面建成小康社会的宏伟目标，牢牢把握扩大内需这一战略基点，保持投资合理增长，合理布局建设基础设施和基础产业。把推动发展的立足点转到提高质量和效益上来，这对加快交通运输业发展提出了新的更高要求。

一、研究目的

厘清湖北省普通公路建养投资现状，构建普通公路投资政策分

析模型，为湖北省普通公路健康发展提出相关政策建议。

二、研究意义

现行的公路建养投资政策对推进湖北省普通公路"十一五"、"十二五"期间发展起到了积极作用，但同时也暴露出了很多问题，尤其是近年来随着经济社会快速发展，人民群众对安全便捷的出行要求日益提高，现行投资政策已不能完全适应湖北省普通公路发展需要，加快破除制约湖北省普通公路科学发展的体制与机制障碍，修订和完善建养投资政策尤为迫切。因此，开展湖北省"普通公路建设与养护投资政策研究"具有十分重要的理论意义和现实意义。

（一）理论意义

通过文献检索，了解到国内外对普通公路投资政策的研究较少，尤其是定量研究缺乏，理论研究严重滞后于实践发展。通过该研究项目进一步丰富了交通投资政策研究的内涵，拓宽了交通政策研究的广度和深度。

（二）现实意义

有效调动地方政府参与普通公路建养的积极性，提高资金使用效率，降低公路全寿命周期成本，促进湖北省普通公路持续健康均衡发展，为地方经济发展提供重要支撑，提高广大人民群众交通出行满意度。

第五节　湖北省普通公路建养投资政策研究的研究对象

研究对象是指被研究的个人、群体或组织，或者是研究所指的其他社会单位，一般包括社会中具体的个人、家庭、社区、各类专门人群以及各类组织等。

首先，研究对象在概念上不同于研究内容。研究的内容是指特定的社会现象及其本质和规律，而研究对象则是指特定社会现象发生和发展范围中的任何单位。

其次，"研究对象"与"调查对象"也是不同的概念。前者的对象应该是社会中某类群体或组织的总体。后者是指调查活动中直接访问和观察的单个对象，包括个人、群体和组织。在用从单个的调查对象所得的资料推论总体情况时，要注意区分类别概念和集合概念。类别概念是指由具有相同属性或特性的人或事物所构成的一个类别，只代表具有某种共同特征的人所构成的类别。对于类别概念的事物，可以用其全部和多数成员的特征去推论整个类别群体的特征。相比之下，对用集合概念来代表的集合体则不能作这样的推论。集合概念是指由一些分子所组成的几何体。

在社会研究中，研究者常常使用"分析单位"的概念来区分社会调查对象（收集资料对象）与社会研究对象的不同。从一般原则上讲，在每一个层次的分析单位上收集到的资料只能分析和推论该层次的情况。如果混淆了分析层次，则可能导致"以偏概全"或"简单还原"的错误。前者是指从低层次的分析单位中得到的资料去简单推论高层次社会单位的情况。后者这是指将高层次分析单位中得到的结论简单地推论其中每一个成员。

本书的研究对象主要是湖北省普通公路新改建工程、养护大中修工程、危桥加固改造工程、公路小修保养、建养投资体制等现行投资政策。

普通公路新改建工程主要是指普通公路的新建、现有公路的改建和扩建项目的立项、施工、竣工验收全过程管理。

普通公路的养护大修工程是指对普通公路及其工程设施的较大损坏进行周期性的综合修理以全面恢复到原设计标准或在原技术等级范围内进行局部改善和增建，以逐步提高公路的通行能力的工程项目。

普通公路的中修工程是指对公路及其沿线设施的一般性磨损和局部损坏进行定期维修加固，以恢复原有技术状况的工程项目。

危桥加固改造工程是指对三、四、五类桥梁进行的维修加固，或对等级较低桥梁的拆除重建工程。

公路小修保养是指对公路及其沿线设施经常进行维护保养和修补其轻微损坏部分的作业。

第六节 湖北省普通公路建养投资政策研究样本选取

湖北省幅员辽阔，土地面积 18.59 万平方公里，居全国第 14 位，共有 12 个省辖市、1 个自治州、1 个林区和 3 个省辖行政单位。各地区因建筑材料富集程度不同、拆迁工程量和成本不同、地质条件不同，造成各地区公路网建养成本差异较大。同时，湖北省经济发展不平衡，2013 年湖北省中心城市武汉市生产总值达 9051.27 亿元，而林区神农架林区生产总值仅 18.57 亿元，两者相差 400 多倍。因此，科学划分湖北省普通公路建设与养护投资政策研究的样本选取区域，因地制宜制定适合的投资政策，是扎实推进湖北省普通公路建设与养护稳步发展，有效推动湖北省社会经济发展的前提。

一、样本选择原则

（一）生态关系原则

公路网建养本质上是人工生态系统建设，是人对自然的改造，由人来建设，人建设的成功与否，直接关系到公路网功能实现的程度，并最终影响经济效益和生态效益的发挥。不同的生态环境下，公路网采用的建养政策应不同。因此，在进行公路建养投资政策研究样本选取时要充分考虑到地域的生态环境差异性。

（二）适应性原则

公路网的根本用途是为经济社会发展服务，承担社会客、货运输。而社会经济需求具有层次性和差异性，公路运输依其所服务对象的不同而承担不同的任务，扮演不同的角色。普通公路作为公路网的一个重要组成部分，其既配合高速公路网，使其功能得以充分发挥，提高高速公路网的辐射效应，同时承担大量区域运输任务，为区域经济发展服务，还具有连接高速公路和农村公路的集散功能。因此，区域经济发展需求的层次和区域产业布局将决定普通公路在此区域的地位和功能，普通公路建养投资政策样本选取以区域经济发展水平和状况为标准。

(三) 一致性原则

一致性原则要求在划分出的普通公路建养区域内必须注意其内部各单元间的一致性，包括自然资源、产业结构、社会经济条件等。要求区域间差异最大化和区域内各单元差异最小化。当然，不存在完全相同普通公路建养环境单元，一致性是指在一定水平上的相似，因此也称为相对一致性原则。至于保持多大相似程度，则要根据区划目的、分区对象、区域分异程度、分区等级体系等因素确定。

(四) 综合分析和主导因素相结合的原则

普通公路建养在进行区划时必须全面考虑建养环境的各种要素及其综合特征的相似性和差异性。使用综合性原则，目的是要保证所划分出的区域是一种具有自身特点的综合体。在综合分析的基础上，再确定区域分异的主导因素。主导因素原则强调选取反映区域差异主导因素的主要指标作为确定区域划分的主要根据。

(五) 共轭性原则

这一原则要求划分出的区域是连续的地域单元，不能有空间上存在于某区域之外，但又属于该区的分区单元。

(六) 完整性原则

在许多自然地理区划中，行政区划作为一个人为的现象，是许多地理学家在进行研究时不予以考虑的。但在许多经济现象的研究中，行政区划往往占有重要的位置。公路建设是在自然过程和人类社会双重作用之下进行的，因此，在进行区划时应该尽量保持行政界线的完整，便于正确地管理和规划，避免产生纠纷。由于本课题研究范围较大，同时又考虑到绝大多数县市环境条件存在明显的差异，因而首先考虑保持县级行政范围的完整性。

二、样本选取中区域划分指标体系的构建

根据以上原则，结合湖北地区的实际情况，从自然条件和人口情况两方面建立湖北公路建养生态环境区划指标评价体系如表1-2所示，从产业结构和经济条件两方面建立湖北公路建养经济区划指标评价体系如表1-3所示。

表 1-2　　湖北公路建养生态环境区划指标评价体系

自然条件	国土面积(平方公里)
	人平耕地(亩)
人口情况	人口密度(人/平方公里)

表 1-3　　湖北公路建养经济区划指标评价体系

产业结构	第一产业在地区生产总值中占比(%)
	第二产业在地区生产总值中占比(%)
	第三产业在地区生产总值中占比(%)
经济条件	地区生产总值(亿元)
	地区人均生产总值(元)

三、样本选取中区域划分采用的方法

层次聚类分析法是聚类分析法中比较常用的一种重要方法，是对一组样本或变量进行层层分类的多元统计分析方法。对于给定的文档集合 $D=\{d_1, d_2, d_3, \cdots, d_n\}$，层次聚类法的运算过程如下：

（1）把每个文档 d_i 看作是一个聚类中心 $c_i=\{d_i\}$，由这些类构成 D 的一个聚类集合 $C=\{c_1, c_2, c_3, \cdots, c_n\}$。

（2）计算 C 中每对类 (c_i, c_j) 之间的相似度 $sim(c_i, c_j)$。

（3）选取 C 中具有最大相似度的聚类对 $c_i=\{d_i\} \arg\max(sim(c_i, c_j))$，合并为一个新的类 c_k，得到 D 的一个新的聚类 $C=\{c_1, c_2, c_3, \cdots, c_{n-1}\}$。

（4）重复以上过程，直到达到所要产生聚类的数目和相似度阈值限制，得到最终聚类结果。

运用层次聚类法可以构造出一棵包含了类的层次信息和所有类内、类间的相似度生成树。此外，通过观测不同距离条件下孤立点数目的变化情况，能够自动计算并判断层次聚类算法中所需的聚类终止条件，从而避免必须预先输入终止条件的不足，保持较高的聚类精度。但是，在每两个类合并时，需要全局地比较所有类之间的相似度，耗时较大。综合而言，对于聚类量较小的湖北省公路建养区划，层次聚类法较为适用。

四、同质区域聚类分析结果

运用层次聚类分析方法对湖北省公路建养区划聚类研究思路：首先，根据湖北省行政区划，选择湖北省17个地市州；然后，通过查阅《湖北统计年鉴(2014)》和实地调研方式，得到公路建养区划指标评价相关数据；最后，运用SPSS软件，选择层次分析法，分别以生态环境区划和经济区划对湖北省17个地市州按四类进行聚类，得到以下结果，如表1-4所示：

表1-4　　湖北省公路建养生态环境区划分类表

群 集 成 员	
案例	3群集
1：武汉	1
2：黄石	2
6：鄂州	2
7：荆门	2
14：仙桃	2
15：潜江	2
16：天门	2
5：襄阳	2
8：孝感	2
9：荆州	2
10：黄冈	3
11：咸宁	3
12：随州	3
4：宜昌	3
3：十堰	3
17：神农架	3
13：恩施州	3

根据聚类结果，湖北普通公路建养按照生态环境可划分为以下

三类区域：

第一类区域：主要是武汉，称为"中心城区"。武汉是湖北省省会，属于中心城区，人口密度居全省第一。

第二类区域：主要包括黄石、鄂州、荆门、仙桃、潜江、天门、襄阳、孝感、荆州，称为"一般地区"。这些地市州属于平原微丘地带，人口密度较大。

第三类区域：主要包括黄冈、咸宁、随州、宜昌、十堰、神农架、恩施州，称为"贫困地区"。这些地市州主要分布在山区，人口密度较小。

五、数据采集样本区域的确定

根据普通公路划分的一般标准，结合聚类分析结果，分别选取武汉、荆州、襄阳、咸宁、宜昌、恩施六个区域本作为研究样本。

第七节 湖北省普通公路建养投资政策研究的思路及技术路线

一、研究的思路

课题拟采取"理论—比较研究—实践—理论—指导政策"的研究思路，通过借鉴投资学、管理学、经济学、组织行为学等多学科理论和研究方法，对普通公路建养投资政策的相关理论进行梳理，深入研究其内涵、产生背景、历史变迁，为湖北省普通公路建养投资政策理论研究打好理论基础。通过对普通公路建养投资政策的时空对比分析、现行相关政策(因素)影响、现行投资政策的普遍适应性和区域差异适应性等重点研究，采用政策效应理论和 DEA 分析模型建立普通公路投资政策分析模型，分析效率与效果，找出湖北省普通公路在建养方面现有的投资政策与发展不相适应的结构性因素，最终形成能够为湖北省普通公路建设"十三五"规划制定和促进其健康发展提供政策建议。

二、技术路线

湖北省普通公路建设与养护投资政策研究技术路线如图 1-1 所示。

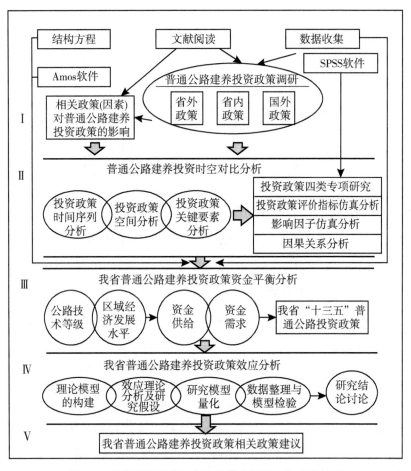

图 1-1　普通公路建养与养护投资政策研究技术路线图

第二章 国内外普通公路建养投资政策体制研究

第一节 我国普通公路投资体制演变

我国普通公路在不同的历史时期、不同省份其投资体制各不相同，投资渠道也多种多样。公路项目投资体制属于国家基本建设投资体制的组成内容，其变革历程遵循国家总的投资体制改革思路。概括起来可以划分以下几个阶段：

一、1979年(三中全会)以前

这一时期，公路建设资金来源主要体现为"两个单纯"，即单纯地方政府投资、单纯养路费来源。除了国防公路外，中央政府不对公路进行投资。公路建设的主要资金来源是地方政府，而收费名目只有汽车养路费一项。

二、1979—1996年

这一阶段用于公路建设的资金来源渠道有所增加，公路建设的投资方式有所转变。1980—1981年，公路建设投资实行了"拨改贷"（税前还贷）；1983年又开征建筑税（1991年改为调节税），允许地方政府提高养路费收费标准，扩大征收范围，增加公路建设投入；1985年，国家征收车辆购置附加费（10%—15%），地方征收客货运附加费、公路建设基金等，公路建设投资来源进一步扩大。从20世纪80年代后期，特别是进入20世纪90年代，公路建设投资体制发生了重大变化，广东省率先出现利用贷款、集资以及外资修建公路。之后，为了进一步调动全社会修桥筑路的积极性，为了把民间集资修建路桥纳入规范化轨道，中央政府于 1988 年 1 月 5 日公布了我国第一部关于收费路桥的法规《贷款修建高等级公路和大型公路桥梁、隧道收取车辆通行费规定》。该规定颁布后，我国公路建设进入快速发展时期，特别是高速公路的异军突起，对整个公路建设与养护管理体制、投资体制等又产生了重大的冲击。

通过上述演变，到 1995 年年底，我国初步形成了多元化投资格局。包括实行有偿使用制度：借款、贷款、引进外资、股票、债券、经营权转让、土地作价入股等多种筹资方式相继出现。

三、1996—2008 年

1996 年 8 月 23 日，国务院以国发〔1996〕35 号文，下发《固定资产投资项目试行资本金制度》，开始对各种经营性投资项目，包括国有单位的基本建设、技术改造、房地产开发项目和集体投资项目试行资本金制度。投资项目资本金，作为投资者在投资项目总投资中投入的非债务性资金，占项目总投资的比例，根据不同行业和项目的经济效益等因素确定，该制度中规定交通运输项目，资本金比例为 35% 及以上，投资项目必须首先落实资本金才能进行建设。自国家有关建设项目法人责任制制度实施和将公路划分为经营与非经营政策出台后，公路投资体制出现由量变到质变的飞跃，为了广泛筹集 35% 的资本金，一批合资、合作企业出现，一批公路经营企业产生，一批上市公司后成为沪深股市的重要板块，一些项目尝试 BOT 方式。可以说，公路建设的真正投资多元化体制开始形成。

四、2009 年至今

2008 年 12 月 5 日，国家发改委、财政部、交通运输部和税务总局联合发布公告，就《成品油价税费改革方案（征求意见稿）》向社会公开征求意见。2008 年 12 月 18 日，国务院印发关于实施成品油价格和税费改革的通知，决定自 2009 年 1 月 1 日起实施成品油税费改革，取消原在成品油价外征收的公路养路费、航道养护费、公路运输管理费、公路客货运附加费、水路运输管理费、水运客货运附加费等六项收费,逐步有序取消政府还贷二级公路收费;同时,将价内征收的汽油消费税单位税额每升提高0.8元,即由每升0.2元提高到1元;柴油消费税单位税额每升提高0.7元,即由每升0.1元提高到0.8元;其他成品油消费税单位税额相应提高。

第二节 国外普通公路建养投资体制经验

一、日本经验

(一)日本普通公路投资体制

为加快公路发展,日本政府于1953年立法实施公路发展五年规划,明确建设省(后更名为国土交通省)为公路行政管理机构,负责全国公路网络的规划与实施。日本政府认为,尽管公路是一种公共产品,但使用者受益程度不尽相同,为公平起见,使用公路频率较高受益多且对公路产生一定破坏的使用者,理应承担较高的费用。支付费用有两种方式:一种方式是向汽车使用者征税,另一种方式是向公路使用者收取通行费。在日本,两种方式兼而有之,互为补充。

日本设立专项税收用于普通公路建设,主要基于以下三个原则:(1)受益原则,由受益者支付费用(税收),受益程度越高,支付的税收就越多;(2)资金专属原则,与汽车有关的税收全部用于公路建设与维护,不得挪作它用;(3)稳健原则,该部分专项税收应保持相对稳定,不受国家整体财政状况影响。

1953年日本政府颁布法案,决定对汽车使用者征税,作为公路建设与维护的专项资金。1954年,随着第一个公路发展五年规划实施,开征汽油税,1956年开征柴油交易税,1966年开征液化石油气税。以上税种按照受益原则征收,税收收入与汽车行驶距离成正比。随后,1968年开征车辆购置税,1971年开征汽车吨位税。所有这些关于汽车的税种,涉及购买、保有和使用环节,全部被转移至一个专用账户,作为公路建设和维护的专项税收,见表2-1所示，税率可以根据公路工程的造价进行适当调整。

表 2-1　　　日本公路建设与维护专项税收构成

征税环节 汽车种类	购买环节	保有环节	使用环节
汽油车辆	车辆购置税 （地方税）	汽车吨位税 （中央地方 共享税）	汽油税（中央税）
柴油车辆			柴油交易税（地方税）
液化石油气车辆			液化石油气税（中央地方共享税）

日本实行分税制，专项税收中，汽油税属中央财政收入，车辆购置税、柴油交易税属地方财政收入，汽车吨位税、液化石油气税则属中央和地方共享税。其中，中央专项税收占总专项税收的 60%，地方专项税收占 40%。在资金投向方面，专项税收大部分投资于普通公路，包括国家普通公路和地方一般道路，免费向公众开放，同时也会有一小部分作为对建设收费公路的补助。除专项税收外，在特殊情况下，如遭遇地震等自然灾害时，中央和地方政府也会拿出部分一般财政预算用于公路恢复及新建。近年来，随着日本公路网络的逐渐完善，日本国内也有观点认为，应逐步削减对公路的投资。日本经济自 20 世纪 90 年代以来一直处于低迷期，伴随着国家整体财政状况的恶化，日本财政大臣也试图取消公路建设维护税收的专项资金属性，将公路建设维护专项资金纳入一般财政预算。此举遭到地方政府及汽车用户的反对，他们认为，这一转变违背了受益原则，而且公路建设尚未完成，有必要通过专项税收继续推进公路建设，完善公路网络。经过一系列的讨论与博弈，日本政府决定继续将专项税收用于公路建设，但从 2006 年开始，专项税收超过公路投资预算的部分将转化为一般财政收入。

20 世纪 50 年代初日本就建立了专项税收和收费公路制度为公路建设融资，专项税收主要用于普通公路建设，对高等级公路引入收费公路制度筹集资金，一般财政预算则作为公路建设的补充，促进了公路建设的稳步发展。如图 2-1 所示。

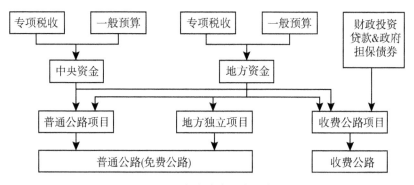

图 2-1　日本公路建设资金来源

(二)日本普通公路投资体制借鉴意义

1. 充分利用专项税收支持普通公路建设

长期以来，资金短缺一直是制约我国普通公路基础设施建设和发展的瓶颈问题。随着普通公路基础设施建设进度的加快，我国普通公路投资体制面临的问题逐渐暴露出来：第一，地方配套资金压力大。目前部省级专项补助资金仅占公路建设投资的 25% 左右，实际上地方自筹资金中的大部分也来自银行贷款，直接导致公路交通系统债务压力高起，财务风险加大。车辆购置税专项补助资金只占公路投资的 12% 左右，国家预算内投资更是少之又少，平均不到 3%；而日本中央投资(中央专项税收)约占公路总投资的 25% 左右。第二，中央和地方财权与事权不匹配。公路建设任务主要由地方承担，但地方财力有限，许多原属地方的税种逐渐被划分为中央地方共享税。成品油税费改革后，原来属于地方支配的养路费变为中央税，地方财力被进一步削弱。因此，随着中央财政实力的增强，在提高对地方转移支付比例的同时，中央也有必要承担更多的事权，在公路基础设施建设中加大中央财政性资金的投入。在加大财政性资金投入的同时，如何确保资金来源的稳定也是至关重要的问题。日本经验表明，根据受益原则建立专项税收，保持资金的专有属性，是支持公路基础设施稳步发展的关键。我国正处于加快普通公路基础设施建设进度的关键时期,应该充分借鉴日本的经验,不仅要继续保持车购税作为普通公路建设专项税收的属性,还应适当扩大公路建设专项税收范围,为公路建设提供持续稳定的资金来源。具体操作思路可以是,按照受益原则,将汽车购买、保有、使用环节的税收统一纳入公路建设专项资金,用于公路的建设、维护与保养。如表 2-2 所示。

表 2-2　　现阶段我国与汽车各环节相关的税种

环节	购买	保有	使用
税种	车辆购置税(从价征收) 汽车消费税(从价征收)	车船使用税 (按照吨位征收)	成品油消费税 (从量定额征收)

备注:不包括汽车和成品油零售环节征收的增值税。

目前,我国纳入公路建设专项资金的只有车购税,与汽车相关的燃油消费税(中央税)、车船使用税(地方税)等只纳入一般财政预算,没有专项用于公路建设,受益原则未得到充分体现。

2. 建立高速公路与普通公路统筹发展新机制

建立专项税收和实行收费公路制度是日本公路投资体制的两大特征,也是筹集公路建设资金的两大主要方式,但不同的资金来源方式有着不同的投资方向,即公路专项税收主要投资于普通免费公路,收费公路制度主要应用于高速公路。从政府职能角度看,普通公路是纯公共物品,不宜进行市场化运作,只能由政府投资建设。因此,向汽车购买、保有及使用者征收的公路建设专项税收应集中投资于普通公路,并免费向公众开放;而高速公路是准公共物品,和普通公路相比,使用高速公路能带来一定的级差效益,因此建设高速公路适合引入收费制度,作为获取级差收益所支付的成本。特别是在公路大规模建设发展时期,在高速公路引入收费制度是专项税收的重要补充。但是,一旦确定引入收费制度,则不宜过多占用财政性资金,否则就是"重复收费(征税)"。从公平与效率角度看,政府利用财政性资金投资普通公路并向公众免费开放，符合公平原则；对高速公路实行市场化运作，提高建设管理与通行服务水平，体现效率原则。我国高速公路引入社会资本，除筹集建设资金外，还需承担偿债职能，化解规模庞大的存量债务。日本经验告诉我们，在大规模建设任务完成后，高速公路的存量债务问题是下一阶段要重点解决的问题。因此，收费公路制度有必要长期坚持下去，且未来很长一段时期主要用于消化高速公路系统内部债务。

因此，建立高速公路与普通公路统筹发展的新机制，一方面要按照效率与公平的原则厘清高速公路与普通公路的关系，高速公路的发展要体现效率原则，普通公路的发展应体现公平原则；另一方面要明确资金来源，在资金有限的情况下，财政性资金主要投资于普通公路，尽量缩小在高速公路投资的比例，避免与民争利；高速公路应大力引入社会资本投资，实行收费制度，尽量不挤占用于普通公路的财政性资金。如图2-2所示。

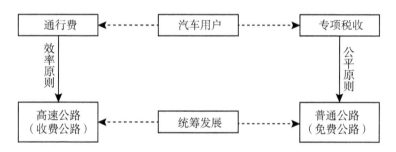

图2-2 普通公路与高速公路统筹发展机制

以车购税专项资金为例，在当前形势下，应逐步加大向普通公路，特别是农村公路和二级公路的投入比重，减少在高速公路的投资比例，同时发挥好车购税专项资金对社会资本"四两拨千斤"的引导作用。实现高速公路与普通公路统筹发展，关键是明确彼此定位，厘清二者属性，建立各自融资渠道，这样才能按照公平与效率原则，逐步形成以高速公路为主体的收费公路网络和以普通公路为主体的免费公路网络。

二、美国经验

(一)美国普通公路投资体制

美国是经济高度发达的国家,目前汽车保有量为2.9亿辆左右,相对于3亿多的人口,几乎平均每人拥有一辆汽车。同时,美国也是路网最发达、设施最完善的国家之一,已形成了干支相连,四通八达的公路网系统。在美国,私人汽车承担了全社会客运量的85%。

"二战"结束以后,美国实施了以州际公路为重点的大规模的交通基础设施建设,形成了庞大的公路交通系统,为20世纪美国经济社会的发展作出了重要的贡献。1956年,根据当时颁布的《联邦道路援助法》、《道路营收法》等,美国联邦政府创立了道路信托基金。此后,该基金成为联邦政府用于公路普通建设的最主要的资金来源。道路信托基金的收入主要来源于联邦燃油税。

联邦政府投资占美国公路建设养护资金的主导地位,一部分由联邦政府承担,其余由州、县等地方政府配套。不同于大多数欧洲国家的预算制,美国公路投资采用的是基金制,即将用户缴纳的税费纳入财政预算并专项安排交通运输领域投资。目前,我国普通公路建设和养护也是采用的这种专项资金模式。

地方所有、联邦资助的分权式模式构建成了美国公路的建设和管理体制,美国境内各州级公路主要由联邦政府负责资助建设,再由各州对建成后的公路实行养护和管理。因此,美国公路建设的主要资金来源是来自于联邦资助,该项资金在整条公路建设资金的来源中的占比约为90%,其余10%来自州政府的资金。除上述政府投入的公益性公路外,也有部分收费公路的存在,而收费公路的建设资金主要来自于民间渠道,同时,也有多元化的融资模式。发行公路建设债券是美国公路融资的传统方式,该项债券主要为地方政府根据公路项目的建设需要而发行,而其购买来源也极为多元化,主要由非银行金融机构(保险、信托公司等)、银行、个人资金和外资等。美国1992年总共发行了264亿美元的运输类债券,而公路债券就占了其中的47%,即124亿美元。该国的多条高速公路均通过发行债券形式获得建设资金,其中以佛罗里达州的奥兰多和加利福尼亚州较多。同时,也有如弗吉尼亚州的杜勒斯国际机场至利斯堡的收费高速公路,通过 BOT 的方式融资,以全额私人银行及保险公司资金获得总投资约 3.24 亿美元的全额建设资金,而州政府并未提供任何担保,仅以 42.5 年的收费经营期作为主要的投资收益保障,且经营期内收费标准不得提高。

1. 联邦政府资金来源

联邦政府用于公路的资金来源主要为信托基金,而信托基金主要依赖燃油税收入。目前,汽油税约占道路信托基金总收入的 51%。除了传统的汽油外,联邦政府对另外两种汽车燃料——柴油和乙醇汽油所征收的燃油税分别占基金总收入的 24% 和 16%。此外,一般财政、重型货车使用税、货车及拖车营业税以及货车轮胎税等其他公路税费约占道路信托基金总收入的 9%。联邦汽油税起征于 1932 年,当时集中用于州际高速公路建设,随着交通运输行业的快速发展,公路信托基金的使用范围也在逐渐扩大。1966 年颁布的高速公路安全法使得州内的和社区之间的道路也能获得资金支持。这项政策对全国路网整体运输能力的提高起到了积极的促进作用。1982 年,随着联邦交通规划目标从追求"能力"向注重"可移动性"转变,基金资助的范围进一步扩大到公共交通领域。20 世纪 90 年代初,以联邦资助州际高速公路为核心的发展思路又有所转变,进一步明确了信托基金作为"多运输方式基金"的新角色,逐渐突出了交通运输发展资金分配的柔性化,将补贴范围进一步扩大到铁路、航空等其他设施。目前,汽油税税率为每加仑 18.4 美分,其中的 15.44 美分直接划入道路信托基金,其余的 2.86 美分和 0.1 美分则分别存入大众公交基金和用于地下管网维护。柴油税税率为每加仑 24.4 美分,其中的 21.44 美分直接划入道路信托基金,其余的 2.86 美分和 0.1 美分则分别存入大众公交基金和用于地下管网维护。在美国,联邦的燃油税税率是由国会制定的,1993 年以来一直没有增加。虽然经常有提议将燃油税与通货膨胀指数挂钩或者将从量计征转变为从价计征,但是立法者们始终未采纳此类建议。

2. 州和地方政府资金来源

美国各州政府的道路建设资金来源则相对多元化，而且每个州的筹资方式也各不相同。就全国范围而言，州燃油税仍然是州一级政府公路建设资金的最主要来源。各州的州燃油税税率为每加仑7.5~30美分，个别州的汽车税收入成为了最主要的公路建设资金来源。一些州还征收某种形式的通行费、车辆登记注册费等专项用于公路建设养护；还有一些州通过营业税收入、债券及一般财政预算等安排公路建设，而且各州的道路建设资金的构成比例也相差悬殊。在州以下地方政府层面，来源于公路用户的税费很少，大多数资金来源于一般财政预算以及财产税和营业税等。

在州层面，燃油税税率的提高通常是临时专题处理的，少数州采用"有限的通胀指数挂钩"的做法，即设定在一定时期内税率可提高的上限。

公路建设养护具体工作由州负责，资金由州先垫付。例如佐治亚州交通厅下辖7个公路管理区，建设单位实施完纳入计划的公路建设改造项目后，经州交通厅报联邦公路管理局审定，由财政部将联邦补助资金拨付至州政府。

(二) 美国普通公路的借鉴意义

我国从2009年1月1日起实施成品油价格和税费改革，通过提高成品油消费税单位税来替代公路养路费等6项收费，基本体现了通过油耗实现"使用者付费"的公平税费原则，因此与国外的燃油税制度在本质上是一致的。美国现行的较为成熟的公路投资体制对我国的启示主要为以下两个方面：

1. 资金来源方面

有必要建立一个定期调整燃油税税率的合理机制，税率的调整应在预期税收总额的前提下，综合考虑通货膨胀、道路等级提升、建设改造实际需求的变化因素；必须认真研究建立省级、市级和县级稳定资金来源的政策机制，用于补充中央补助资金和自身事权的需要；保持高速公路长期稳定的借贷政策，通过发挥中央资金的引导能力，改善资金结构，将公路借贷控制在合理水平；拓宽资金筹措渠道，特别是加大一般财政预算对公路建设和养护的投入力度，可从地方政府土地出让金中提取一定比例或将在车辆保有环节征收的车船税专项用于公路建设；再或者考虑增加轮胎税、重型车辆附加费等新的税(费)种；研究征收里程税。尽管燃油税的短期预测较为乐观，但电动和高效能汽车的逐步普及最终会减少燃料消耗，从而限制了燃油税在我国作为主要公路筹资机制的可持续性。因此，里程税更具有长期的稳定性。

2. 资金使用方面

建立一种信息对称的、可预测的和稳定的资金分配机制。燃油税替代6项收费后，交通部门无法了解税收总来源，导致年度计划尤其是五年规划的编制没有一个相对准确的资金来源，影响了规划应具备的前瞻性。因此，建立一个透明的资金分配机制至关重要；研究整合所有公路建设养护资金来源，建立公路基金。整合车购税、燃油税等公路专项资金，首先建立公路基金。随着大部制改革的深入，逐渐扩大基金使用范围，直至覆盖整个综合交通运输领域。深化公路养护管理体制改革。进一步落实各级公路的管理养护事权。国家级公路、省级公路和县、乡村公路分别为中央、省级和市县政府事权，各级政府分别负责筹措养护管理资金。同时，加强资金使用的绩效管理，建立绩效指标，将公路的服务状况、交通条件(安全、拥堵等)作为效果，考核管理计划、项目实施和资金使用等。

三、欧洲经验

(一)欧洲普通公路投资体制

由于欧洲大多数国家的公路网在20世纪已经逐步形成，因此21世纪以来，公路建设势头平稳。据欧盟道路联合会(European Union Road Federation，EURF)提供的数据，2004年年底，欧盟27个成员国公路网总里程为527.72万公里，其中高速公路6.38万公里；2009年年底，欧盟27国公路网总里程533.64万公里，5年仅增加了1.12%；其中高速公路6.82万公里，仅增加了6.9%。包括欧盟以外的克罗地亚、土耳其、马耳他、马其顿、冰岛、挪威和瑞士等7国在内，欧洲34个国家2009年公路网总里程达到592.04

万公里，其中高速公路仅 7.34 万公里。

1. 欧洲国家的道路建设支出情况

2007—2010 年，法国、意大利等有关国家公路建设投资情况如表 2-3 所示。

表 2-3 　　欧洲有关国家公路建设支出情况一览表

计量单位：亿欧元

年份 国家	2007	2008	2009	2010
法国	124.89	126.23	126.48	119.42
意大利	136.64	130.51	56.41	—
英国	63.41	61.37	66.10	65.55
西班牙	77.70	80.99	86.92	68.58
波兰	34.43	45.08	53.40	65.10

数据来源：EURF：Road Asset Management：A Manifesto to Keep the Europe moving, March, 2013.

由此可见，欧盟各国中，近年来公路建设总投资最多的国家是法国和意大利。

2. 欧洲国家的道路养护支出情况

2005 年至 2009 年，法国、意大利等有关国家公路养护投资情况如表 2-4 所示。

表 2-4 　　欧洲有关国家公路养护支出情况一览表

计量单位：亿欧元

年份 国家	2005	2006	2007	2008	2009
法国	21.89	22.35	22.94	21.84	22.07
意大利	125.49	134.52	97.64	107.56	—

续表

年份 国家	2005	2006	2007	2008	2009
英国	59.53	61.55	61.72	54.25	49.44
瑞士	15.20	15.34	14.10	16.08	—
波兰	12.65	16.70	15.15	20.07	23.40

数据来源：EURF：Road Asset Management：A Manifesto to Keep the Europe moving，March，2013.

2009年年底，法国的公路总里程为104.12万公里，位居欧洲27国第一。但就公路养护投资而言，意大利的投资最大，英国位居次席。就平均每公里养护投资而言，英国和意大利基本不相上下。值得关注的是波兰。2009年年底，波兰公路总里程26.90万公里，其中22.18万公里类似于我国的农村公路（普通公路）；但其养护投资达到23.40亿欧元，平均每公里养护投资接近了英国的水平，但英国公路的平均等级较高，不仅拥有3674公里的高速公路，远超过波兰的849公里；农村公路所占比重也只有58.23%。

瑞士属于欧盟以外的欧洲发达国家。2009年年底该国公路总里程7.15万公里，其中高速公路1406公里。但该国平均每年约15亿欧元的公路养护投入，按平均每公里养护投资计算，在欧洲国家中名列前茅。

比较之下，法国对公路养护的投入相对较少。相对于超过100万公里的总里程，近年来公路建设投资每年基本都超过了120亿欧元，但养护投资只保持在平均每年20多亿欧元的较低水平，类似于我国。

(二)欧洲公路投资对我国普通公路建设与养护的借鉴

上面两个表的数据表示，欧洲各国中，意大利是公路养护投入最大的国家。意大利和英国对公路养护的投资基本上与对公路建设的投资持平。其他国家对公路养护的投资大约也相当于公路建设投资的20%—30%，这对保证公路网处于良好的技术状态发挥了重要的作用。

　　相比之下。现阶段我国对公路养护的支出水平较为低下。不考虑由车辆通行费承担的收费公路的养护投资，2012年全国用于公路养护的财政支出只有521.51亿元，相对于2011年年底约400万公路的普通公路养护需求而言，养护支出不足是显而易见的。即使达到目前欧洲国家的公路养护水平，按照2012年年底约405万公里的普通公路和1欧元换算8元人民币的汇率测算，不考虑物价和工资水平的差异，所需养护支出将超过4000亿元人民币，如果达到EURF所建议的水平，则所需养护开支将达到6000亿元人民币。到2012年年底，虽然有97.2%的公路都进行了养护，52%的公路进行了绿化，但显然养护质量和绿化水平仍然有待通过进一步加大养护投资来得以提高。

　　在近期财政一般预算资金还很难大幅度投入普通公路建设与养护的状况下，只能争取尽可能地将车辆购置税交通专项资金和成品油税费改革专项资金投入到普通公路的建设与养护。这意味着，高速公路网的建设与养护将需要更多地利用银行贷款和民间资本来解决。

第三章　省内外普通公路建设与养护投资政策调查

第一节　我国普通公路投资政策演变

中华人民共和国成立以来，政府主管部门就普通公路投资出台过许多政策。但我国公路投资的基本政策演变可以归纳为以下几条：

(1) 以地方政府为主的公路资金筹集政策。
(2) 普通公路资金依靠公路用户费(税)的政策。
(3) 多种筹资方式并存的政策。
(4) 使用中央财政专项资金的政策。
(5) 部省补助、地方配套的政策。

一、以地方政府为主的公路资金筹集政策

自1958年以后，我国公路实行的是地方管理体制。即公路的建设、养护和管理由地方政府负责，中央主管部门负责国道的规划，省干线公路由各省规划，报中央主管部门备案。因此，对于国道的改扩建，资金的筹集主要由地方政府负责，交通运输部利用所掌握的车购费根据具体情况对项目给予补助，补助的标准因所在地区和建设标准不同而有所区别。这一政策在一定程度上调动了地方政府的积极性，但同时也淡化了国家对公路事业的责任，该政策执行后，中央除每年给予国防公路少量投资外，国家预算很少列支公路建设项目。

二、普通公路资金依靠公路用户费(税)的政策

在地方公路管理体制下，我国实行的是公路建设、养护及管理的资金主要来自公路用户费(税)的政策。即作为地方公路用户费(税)的养路费和作为中央公路用户费(税)的车辆购置附加费。

养路费是一种中央费目、地方费种的公路规费，该费种已实行多年，养路费主要用于公路的建设和养护。根据国务院决定自2009年1月1日起实施成品油税费改革后，原在成品油价外征收的公路养路费、航道养护费、公路运输管理费、公路客货运附加费、水路运输管理费、水运客货运附加费等六项收费全部取消，至此养路费不再征收。

车购费是自1985年对新购车辆开征的中央费种，在购车时一次性交纳。2000年改为车辆购置税，实施全国统一费率，为车辆价格的10%。此费(税)的绝大部分交纳至交通运输部统一安排使用。车购费(税)主要用于国家计划内干线公路项目建设及与公路建设有关的项目支出。

三、多种筹资方式并存的政策

(一)"以工代赈"政策

"以工代赈"在我国公路发展历程中作出了巨大贡献，尤其是在县乡公路建设和养护中起到了积极作用。"以工代赈"既能解决公路建养资金的短缺，又可部分地解决当地人民的生活困难问题。特别是在交通基础设施落后、经济欠发达地区，在当时落实这一政策还比较有效。

(二)引进外资政策

我国公路建设使用外资开始于1986年。我国公路建设利用外资基本分为两种形式：一是利用国际金融组织或机构的贷款，我国主要使用的贷款大多为世界银行、亚洲开发银行等机构的贷款，这些贷款的利率一般比较低。二是吸引国外财团和企业的资金或进行公路建设项目投资，或直接购买收费公路的经营权(即经营权转让)等。

(三)使用国内银行贷款政策

税费改革前，我国普通公路建设资金以银行贷款为主，国内外贷款(含利用外资)占到了36%左右。2009年1月1日，《国务院关于实施成品油价格和税费改革的通知》后，原来用作质押贷款的交通规费收入不复存在，不仅地方配套资金面临新的困难，同时也失去了以此作质押担保融资和贷款的基础。再加上二级公路收费权益取消，地方交通部门在普通公路建设和养护的融资平台也随之消失。如此一来，原来作为公路建设主要资金来源的银行贷款方式已经行不通。

四、使用中央财政专项资金的政策

国家设立了由中央预算拨款的公路专项扶贫资金，主要用于改善贫困地区的公路状况，促进西部地区的交通事业发展。随着我国经济的发展、形势的变化，我国的公路筹资政策也应予以完善，应更加符合国际市场的要求，与世界经济接轨。一般认为：车购费(税)是一种国际通用的公路用户税，目前的税率设置也较为合理；收取路桥通行费也是许多国家在公路资金紧张情况下一种长期的融资政策，在未来相当长的时期内，建设收费公路仍是我国公路融资的一项重要政策。

五、部省补助、地方配套的政策

从"十一五"以来，我国普通公路的建设与养护的资金来源主要是采用"部省补助、地方配套"政策。部省补助资金来源是参照各地成品油税费收入和车辆购置税收入，按照一定基数划拨到省级，而地方(县、市、州)配套资金来源是地方财政收入。由于各区域的经济发展水平不同，因此地方配套的能力也有差异。

第二节 外省普通公路建设与养护现行投资政策

"十二五"以来，我国各省、自治区、直辖市普通公路建设基本上采用国省干线公路"省市县"共建模式，农村公路由县级人民政府负责建设养护管理的模式。国省干线公路建设由省、市、县三级政府共同筹资，一般由公路交通部门或地方政府组建的项目公司负责建设，农村公路由县级人民政府负责实施。中央对普通公路投资实行定额补助，各省、市、县根据自身实际制定了不同的建养机制、融资方式和补助标准。详细见表3-1。

表3-1　　　　　**交通运输部普通公路补助标准**　　计量单位：万元

项目	技术等级	行政等级	部项目(非片区规划项目)补助标准		三个片区部规划项目补助标准	
			中部地区	恩施州参照西部标准	中部地区	恩施州参照西部标准
公路建设	一级公路	国道	600	800	600	800
		省道	420	560	420	560
	二级公路	国道	250	400	400	550
		省道	175	280	260	360
		农村公路	补助上限为工程造价的60%			
	三四级县乡道改造	县乡道	补助上限为工程造价60%		片区县乡道140万/公里，片区通乡80万/公里	片区县乡道140万/公里，片区通乡80万/公里
	通村沥青、水泥路	通村沥青、水泥路	15~30	20~140	十堰丹江移民通村50万/公里	恩施州通畅工程新建50万/公里；续建30万/公里
	农村公路	农村公路	补助上限为工程造价的60%			

续表

项目	技术等级	行政等级	部项目(非片区规划项目)补助标准		三个片区部规划项目补助标准	
			中部地区	恩施州参照西部标准	中部地区	恩施州参照西部标准
公路养护	国省道大修	国道一级公路	300	400	国道300万/公里，且补助投资不超过概算的70%	国道400万/公里，且补助投资不超过概算的70%
		省道一级公路	210	280	省道210万/公里，且补助投资不超过概算的70%	省道280万/公里，且补助投资不超过概算的70%
		国道二级公路	125	200	国道200万/公里，且补助投资不超过概算的70%	国道275万/公里，且补助投资不超过概算的70%
		省道二级公路	87.5	140	省道130万/公里，且补助投资不超过概算的70%	省道180万/公里，且补助投资不超过概算的70%
路网结构改造工程	危桥改造	国省道	技术状况评定为四、五类的中桥及以上桥梁；不超过项目概算的60%，且危桥改造加固改建类平均每平方米不超过1000元，拆除重建每平方米不超过2000元	技术状况评定为四、五类的中桥及以上桥梁；不超过项目概算的75%，且危桥改造加固改建类平均每平方米不超过1300元，拆除重建每平方米不超过2600元		
		县道				
		乡道				
	安保工程	国省道	不超过项目概算的60%，且平均不超过5万/公里	不超过项目概算的70%，且平均不超过6万/公里		
		农村公路	补助标准为不超过项目概算的60%，不超过4万/公里	补助标准为不超过项目概算的70%，不超过5万/公里		
	灾害防治	国省道	不超过项目概算的60%，且平均不超过20万/公里	不超过项目概算的70%，且平均不超过25万/公里		

一、安徽政策

安徽省国省干线公路采取"省市县共建"模式，即市、县政府为干线公路建设责任主体，负责组建项目法人，做好前期工作以及征地拆迁、工程实施、建设资金筹集等工作；省级相关部门负责干线公路建设行业管理，并按照标准定额安排补助资金。农村公路建设、养护继续实行"以县为主，省市补助"的模式，县级政府是农村公路建设、养护和管理的责任主体，负责筹集建养资金。

新改建一级公路，国道由中央车购税每公里补助600万元，省级资金补助100万元；省道由中央车购税每公里补助420万元，省级资金补助100万元。新改建二级公路，国道由中央车购税每公里补助250万元，省级资金补助60万元；省道由中央车购税补助175万元，省级资金补助60万元。新建特大桥、大桥、隧道项目，不分国、省道，均由中央车购税每平方米补助1500元，省级资金补助1000元。农村公路建设项目补助标准：县乡公路升级改造项目，二级及以上公路，由中央和省级资金合计按每公里50万元进行补助，三级公路按每公里40万元补助。村道建设项目，四级及以上村道按每公里12.5万元补助；危桥改造分不同标准享受从每平方米600~2800元不等的补助。另外，省级补助资金将适当向皖北地区、大别山革命老区倾斜。

省、市、县政府将普通公路建设与养护管理资金纳入各级政府公共财政预算，从本级财政预算收入中安排专项资金用于普通公路发展。各级政府在中央代理发行的地方政府债券中按照要求安排普通公路发展建设资金。市、县政府对交通运输基础设施沿线主要节点、重要区域和周边的国有建设用地可以实施规划储备，通过土地收益筹集普通公路建设资金。在加大政府性资金投入的同时，要多渠道增加资金投入，探索符合普通公路公益性的市场融资方式。详细见表3-2。

表 3-2　　　　　　安徽省普通公路补助标准

公路建设	国道	新改建一级公路	100 万元/公里
		新改建二级公路	60 万元/公里
		一级公路路面改善	12 万元/千·平方米
		二级公路路面改善	12 万元/千·平方米
	省道	新改建一级公路	100 万元/公里
		新改建二级公路	60 万元/公里
		一级公路路面改善	16 万元/千·平方米
		二级公路路面改善	16 万元/千·平方米
	新建特大桥、大桥、隧道		1000 元/平方米
县乡公路升级改造	二级及以上		50 万元/公里
	三级		40 万元/公里
村道建设	四级		12.5 万元/公里
危桥改造	特大桥	重建	2800 元/平方米
		加固	1100 元/平方米
		维修	600 元/平方米
	大桥	重建	2600 元/平方米
		加固	1100 元/平方米
		维修	600 元/平方米
	中桥	重建	2300 元/平方米
		加固	1100 元/平方米
		维修	600 元/平方米
	小桥	重建	2100 元/平方米
		加固	1100 元/平方米
		维修	600 元/平方米

二、江西政策

普通国道改造升一级公路的，补助 300 万元/公里；普通国道改造升二级公路的，补助 200 万元/公里；普通省道改造升二级及以上公路的，补助 150 万元/公里。省交通运输厅对普通国道改造升一级公路的，按平均 300 万元/公里贴息三年，普通国道改造升二级公路的，按平均 100 万元/公里贴息三年，普通省道改造升二级及以上公路的，按平均 150 万元/公里贴息三年，贷款本金由地方承担。省道断头路新建路段（除特大桥）按建安费全额补助，征地拆迁由地方政府负责完成。

赣州市对国省干线公路建设的市本级财政补助标准作出明确规定，对国省道一级公路、二级公路、三级公路分别按照每公里 150 万元、80 万元、50 万元给予补助，其余为县级政府自筹。

危桥改造工程大桥及以上危桥重建项目，按批准的桥梁主体工程概算建安费 100% 的标准补助；中桥及以下危桥重建项目按桥梁面积每平方米补助 4000 元，补助总额不超过桥梁主体工程概算建安费的 100%；加固项目按桥梁面积每平方米补助 2000 元，补助总额不超过项目概算建安费的 100%。

市、县两级财政每年投入普通国省干线公路发展的专项资金不低于地方财政预算收入总额的 2.5%。

养护中心与"畅安舒美"示范路按核定标准补助。其中，市级综合养护中心在原补助 200 万元/个的基础上，奖励 600 万元/个，重点打造项目追加奖励 200 万元/个；县级综合养护中心补助 150 万元/个，重点打造项目追加奖励 50 万元/个；"畅安舒美"示范路补助 50 万元/公里。

江西省农村公路补助标准达到 11 万元/公里。其中中央资金补助标准为 10 万元/公里，省级配套资金补助标准为 1 万元/公里，新建 30~100 米桥隧补助 3000 元/米，新建 100 米（含）以上桥隧补助 4000 元/米。

由江西省省交通运输厅统筹养护工程资金，集中用于普通国省干线公路养护大中修工程。普通国省道养护大中修工程原则上按平均 75 万元/公里下达年度计划，路面改建工程超过 75 万元/公里标准补助的部分，省交通运输厅按平均 40 万元/公里贴息三年。

转移支付地方分成资金中国省道小修养护经费、日常养护经费、养护事业费和养护其他费以 2009 年支出为基数，"十二五"期间增加 6% 下拨给各设区市。设区市分成资金中剩余部分留 20% 给地方，用于偿还贷款本息，专款专用。其余部分资金专项用于养护工程大中修，统一纳入普通国省干线公路养护大中修工程年度计划，省公路管理局按年度计划下拨大中修专项资金。详细见表3-3。

表3-3　　　　　　江西省普通公路补助标准

			特困区	其他县
公路建设	普通国省道建设	国道改造升一级公路	300	
		国道改造升二级公路	200	
		省道改造升二级公路	150	
		罗霄山集中连片特困地区项目	不超过项目概算建安费总额的90%	
		其他项目	不超过80%	
	农村公路建设		特困区	其他县
		罗霄山区县道升级改造项目	140	
		县道升级改造项目	50	40
		客运网络化连通工程项目	30~50	20~40
		自然村通水泥路建设项目	10	8
普通国省道养护		新建桥梁	8000元/延米	
		普通国省道	75	
路网结构改造工程	普通国省道	大桥及以上	概算建安费100%	
		中桥及以下　重建	4000元/延米	
		加固	2000元/延米	
		农村公路危桥改造　重建	2000元/延米	
		加固	1000元/延米	
	安保工程	普通国省道	5	
		农村公路危桥改造	4	
	灾害防治	国省道	20	

三、其他省市普通公路建养投资政策

(一)江苏省政策(详见表3-4)

表3-4　　　　　江苏省普通公路补助标准

计量单位：万元/公里

项目分类		苏锡常三市	宁镇扬通泰五市	徐宿淮盐连五市
普通国省道	新建一级公路	600	700	800
	改建一级公路	450	500	550
	新建二级公路	300	350	400
	改建二级公路	200	250	300
路网重点连接公路	新建一级公路	300	350	400
	改建一级公路			
	新建二级公路	200	250	300
	改建二级公路			
路网一般连接公路	一级公路	60	80	100
	二级公路			
	三级公路	40	60	70
国省道与路网连接公路100米以上大桥(元/平方米)	跨越省干线航道网规划航道的桥梁	2000		
	跨越其他河流、市以下航道网规划航道以及互通式立交范围内的桥梁	1500		
路网一般连接公路上100米以上大桥	大桥、特大桥	1000	1500	1500
	其中：跨四级以上航道的大桥、特大桥	1200	1800	1800
路网连接公路下穿铁路的通道	一级公路	400		
	二级公路	200		

续表

项目分类			苏锡常三市	宁镇扬通泰五市	徐宿淮盐连五市
农村公路	县至乡二级以上公路		5	100	100
	乡至乡三级以上公路		3	70	70
	乡至村四级以上公路		1	16~20	20~25
路面拓宽、路肩硬化及增设错车道			3	3	3
桥梁新改建（元/平方米）	县道	大中桥	1000	1500	15000
		大中桥(跨四级以上航道)	1200	1800	1800
		小桥	800	1000	1200
	乡、村道	大中桥	400	1500	1500
		大中桥(跨四级以上航道)	600	1800	1800
		小桥	200	1000	1000

(二)重庆市政策(详见表3-5)

表3-5　　重庆市普通公路补助标准

计量单位：万元/公里

国道	升级改造		400		
	路面改造		200		
省道	升级改造		280		
	路面改造		140		
农村公路新建			50	40	40
公路养护	国省道		3.5		
	县道		0.7		
	乡道		0.35		
	村道		0.1		
路网结构改造	危桥改造	拆除重建	2600元/平方米		
		改造加固	1300元/平方米		
	安保工程	国省道	6		
		农村公路	4		
	地质灾害	国省干线	25		

(三)湖南省政策(详见表3-6)

表3-6 湖南省普通公路补助标准

计量单位:万元/公里

项目			湘西自治区和桑植县	大湘西地区	一般地区
公路建设	国省道	一级	800	300	250
		二级	400	300	250
		三级	300	200	150
		桥(大桥及以上)隧	2200	1500	1500
	农村公路	县	60	55	50
		乡	50	45	40
		村	30	25	20
公路养护	国省道	大修	100~160元/平方米		
		中修	64~180元/平方米		
	局管养县道	大修	15		
危桥改造		危桥加固	1700		1500
		拆除重建	3500		3000

第三节 湖北省普通公路建设与养护现行投资政策

一、湖北省普通公路建设与养护现行投资体制

根据鄂政办发〔2012〕9号文件《省人民政府办公厅关于促进全省普通公路持续健康发展的意见》的规定,湖北省国省道干线公路建设由省、市(州)、县(市区)政府共同负责,中央、省实行定额补助,市(州)、县(市区)人民政府负责落实配套资金,并与中央、

省定额补助资金同比例到位；县级人民政府是农村公路建设、养护和管理的责任主体，负责筹措农村公路发展资金，组织开展农村公路建设、养护和管理，中央、省对农村公路建设、养护、管理实行以奖代补、定补包干政策。

湖北省普通一二级公路新改建工程（包括国省道和农村公路）一般采取三种建设形式：一是少数投资规模不大的项目由地方财政全额配套建设资金，公路部门负责建设；二是部分有投资效益的项目，通过招商引资和吸引民间资本，采用BT模式建设，地方财政分若干年分期偿还投资并进行回购；三是大部分项目由地方政府搭建融资平台筹措配套建设资金，并组建项目公司负责项目建设，地方财政部分注资，主要资金来源是土地、矿产、旅游资源开发收益、优质资产抵押贷款等。

湖北省普通国省道大中修、危桥改造、县乡公路改造一般由地方交通公路部门负责实施，配套资金一般由市（州）、县（市区）两级财政投入；通村公路建设由乡镇和行政村组织实施，并负责筹集配套建设资金；国省道、农村公路的养护分别由地方公路管理部门和农村公路管养机构负责实施，国省道养护经费由省级财政统一列支，农村公路养护经费由省级财政定额补助、不足部分由县级财政配套。

现行建养投资体制的主要特点：一是明确了地方政府对普通公路发展的主体责任，"部门办交通"向"政府办交通"、"社会办交通"的转变，调动了地方政府和社会各界的积极性，有利于促进地方政府制定出台支持普通公路发展的政策措施，有利于建立和完善市、县两级普通公路筹融资平台；二是为民间资本投资普通公路建设提供了便利条件。

现行建养投资体制存在的主要问题：

（1）建养投资计划安排未充分考虑各地区交通量、养护周期及养护工程量的较大差异。湖北省人口稠密、交通量较大的地区主要集中在武汉周边地区以及平原地区和水网湖区，较大的交通量加速了路基路面的破坏，软土地基造成公路病害易发、多发，大中修、小修保养周期较短，日常养护工作量较大。

(2)部省定额补助标准未考虑各地区养护成本的较大差异,仍采取全省"一刀切"政策,补助标准未考虑"十二五"以来人工、物价大幅上涨等因素,多年未调增。湖北省各地区因建筑材料富集程度不同、拆迁工程量和成本不同、地质条件不同造成建设成本差异较大。

(3)地方政府对普通公路发展存在着责任落实未完全到位、筹融资支持保障政策未完全制定落实到位、配套能力不到位等问题。根据"十二五"规划,湖北省国省道规划总里程比"十一五"末期翻了一番,农村公路总里程达到 20 万公里,普通公路新改建工程规模庞大,尤其是国省道新改建工程,需地方配套的建设资金数额巨大,"省管县"财政体制改革后,湖北省各市(州)人民政府财政统筹能力普遍弱化,除少数县域经济实力较强的县市区外,大部分县市区普通公路配套资金到位均不理想,因地方政府责任落实不到位、筹融资支持保障政策未完全制定落实到位等因素,湖北省市、县两级普通公路筹融资平台未完全建立,已经建立的部分市、县筹融资平台存在着以下问题:融资规模小,有长期稳定收益的优质资产少,融资方式单一,主要依靠土地开发、矿产资源开发等短期融资方式,易受国家土地、环保等宏观经济政策制约和影响,融资风险大。

(4)普通公路建养体制转变后,行业职能与政府对交通行业的目标考核不匹配。普通公路转型发展后,实行"政府主导、部门各负其责、业主组织实施"的建养体制,公路发展政策和规划目标、年度目标任务、建设业主、筹融资方式、招投标等均由地方各级政府主导和制定,并指定部门或机构负责实施,公路建养资金由县级财政直接拨付至项目使用单位或施工单位,市(州)交通公路主管部门在建养目标考核、资金管理、质量安全廉政防控等方面,缺乏对县市区政府和建设业主的监管手段,政府对交通公路主管部门的目标考核仍然包括建养目标兑现、质量安全廉政等方方面面,与交通公路主管部门的职责职权并不匹配。

二、湖北省普通公路建设与养护现行投资政策现状

(一)新改建工程

根据鄂交计〔2013〕12 号文件《省交通运输厅关于印发〈全省普

通公路建设三年攻坚战实施方案〉的通知》精神，湖北省对"十二五"规划内普通公路建设项目继续实行定额补助，其余部分由地方自筹解决。该定额补助标准"十五"以来基本未变，具体如下：（1）一级公路：按每公里400万元进行补助，该标准从"十五"以来一直沿用至今。（2）二级公路：国省道二级公路按路基每公里20万元、沥青碎石路面每公里50万元、水泥混凝土（沥青混凝土）路面每公里80万元进行补助，桥隧工程按建安费进行补助，且每公里最高不超过400万元。其他二级公路改造按每公里50万元进行补助。该标准从"十五"以来一直沿用至今。（3）县乡公路改造：按每公里30万元进行补助。该标准从"十五"以来一直沿用至今。（4）通村沥青（水泥）路：恩施州通建制村沥青水泥路项目按每公里50万元进行补助，大别山试验区按每公里20万元进行补助，贫困县按每公里15万元进行补助，其他县市按每公里10万元进行补助。除恩施州、大别山试验区有调增外，其他地区补助标准基本未变。（5）农村公路桥梁：补助不超过概算的60%，且每延米不超过1.5万元，比"十五"、"十一五"略有调增。"十五"、"十一五"补助标准为每延米不超过1万元。

(二) 养护大中修工程

"十五"期间，湖北省对国省道大中修采取贷款全额投入，不需要地方配套资金。"十一五"以来，湖北省对国省道大中修实行定额补助政策，定额补助标准如下：

（1）国省道大修：2007—2008年：路面9米宽以下（含9米）的补助标准按70万元/公里；路面9米宽以上12米宽以下（含12米）的补助标准按90万元/公里；2009年：路面9米宽以下（含9米）的补助标准按90万元/公里；路面9米宽以上12米宽以下（含12米）的补助标准按120万元/公里；2010年至今：路面9米宽以下（含9米）的补助标准按90万元/公里；路面9米宽以上12米宽以下（含12米）的补助标准按100万元/公里；路面12米宽以上15米宽以下（含15米）的补助标准按130万元/公里；路面15米宽以上的补助标准按160万元/公里。

（2）国省道中修：路面9米宽以下（含9米）的补助标准按30

万元/公里；路面 9 米宽以上 12 米宽以下（含 12 米）的补助标准按 50 万元/公里；路面 12 米宽以上的补助标准按 70 万元/公里。

（三）危桥加固改造工程

"十五"期间，湖北省对国省道危桥改造采取贷款全额投入，不需要地方配套资金，农村公路危桥改造未启动。"十一五"以来，湖北省对普通公路危桥改造实行定额补助政策，定额补助标准如下：

1. "十一五"危桥改造

根据鄂交计〔2008〕271 号文件《湖北省公路危桥加固改造实施意见》的精神，湖北省"十一五"普通公路危桥改造补助标准为：国省干线上危桥改造项目，按工程直接费及设计费进行补助；县道中桥和乡道大桥以上危桥，拆除重建按概算的 50%、加固改造按概算 50% 且不超过 1 万元/延米的标准进行补助；其他危桥改造，拆除重建按 0.8 万元/延米、加固改造按概算的 50% 且不超过 0.5 万元/延米的标准进行补助。

2. "十二五"危桥改造

根据鄂财建发〔2013〕149 号文件《省财政厅 省交通运输厅关于印发〈湖北省普通公路危桥改造省级补助资金管理暂行办法〉的通知》精神，湖北省"十二五"普通公路危桥改造补助标准为：国省干线上危桥改造项目，按工程直接费及设计费进行补助；县道中桥和乡道大桥以上危桥加固改造，对拆除重建类项目按概算的 50%、加固改造类项目按概算 50% 且不超过 1 万元/延米的标准进行补助；乡道中桥危桥改造，拆除重建类项目按 0.8 万元/延米、加固改造类项目按概算的 50% 且不超过 0.5 万元/延米的标准进行补助。

（四）小修保养

2009 年以前，普通公路小修保养资金来源为养路费，由各级公路部门"一条边"管理，省按列养公路里程切块下达各地市州，然后由各地市州下达至各县市区。2008 年 12 月 9 日，国家燃油税费改革方案出台。2009 年 1 月 1 日，取消了公路养路费、航道养护费、公路运输管理费、公路客货运附加费、水路运输管理费、水运客货运附加费等六项收费，原有用于普通公路建设养护的规费资金不复存在。从 2010 年开始，普通公路小修保养资金来源调整为燃油税，由交通公路部门编制部门预算报省财政厅，省级财政直接拨付至各县市区财政。

从"十五"初期至 2011 年近 10 年期间，全省小修保养经费未作调整，2012 年，省局按照国省干线 3 万元/公里·年列养，县乡公路 1.6 万元/公里·年进行重新测算，一直沿用至今。该方案未考虑普通公路路面宽度、路面类型、行政等级、交通量等因素，且未包含养护管理人员经费和未考虑物价上涨等因素。

2012 年 11 月 2 日，省人民政府发布了《湖北省省道网规划纲要（2011—2030 年）》，全省国省道干线公路总里程由 14059 公里增长为 28208 公里。而现有普通公路小修保养资金未包含新增国省道公路里程。

因此，按照规划国省干线里程，考虑人工、材料、机械设备等物价上涨因素，重新测算普通公路小修保养经费显得十分必要。

表 3-7 湖北省普通公路补助标准

项目	技术等级	"十一五"期间	"十二五"期间
公路建设	国省道一级公路	未通高速高速 500 万元/公里，已通高速 400 万元/公里	未通高速高速 500 万元/公里，已通高速 400 万元/公里
	国省道二级公路	水泥砼、沥青砼路面 100 万元/公里，沥青碎石路面 70 万元/公里	水泥砼、沥青砼路面 100 万元/公里，沥青碎石路面 70 万元/公里
	其他二级公路改造	50 万元/公里	50 万元/公里
	县乡公路改造	30 万元/公里	30 万元/公里
	通村公路	恩施州、大别山试验区 20 万元/公里、贫困县 15 万元/公里，其他县市 10 万元/公里	恩施州、大别山试验区 20 万元/公里、贫困县 15 万元/公里，其他县市 10 万元/公里
	新改建桥梁	按项目建安费补助	按项目建安费补助

续表

项目	技术等级	"十一五"期间	"十二五"期间
公路养护	国省道大修	路面宽9米以下90万元/公里，路面宽9米以上12米以下120万元/公里	路面宽9米以下90万元/公里，路面宽9米以上12米以下100万元/公里，路面宽12米以上15米下130万元/公里，路面宽15米以上160万元/公里
	国省道中修	路面宽9米以下30万元/公里，路面宽9米以上12米以下50万元/公里，路面宽12米以上70万元/公里	路面宽9米以下50万元/公里，路面宽9米以上12米以下60万元/公里，路面宽12米以上15米下80万元/公里，路面宽15米以上100万元/公里
	小修保养	养路费	国省干线3万元/公里，县乡道1.6万元/公里
路网结构改造工程	危桥改造	国省干线上危桥改造按概算补助，县道中桥和乡道大桥危桥改造按概算50%补助	国省干线上危桥改造按概算补助，县道中桥和乡道大桥危桥改造按概算50%补助

第四章 湖北省普通公路新改建工程投资政策研究

第一节 湖北省普通公路新改建工程现行投资政策概述

一、湖北省普通公路新改建工程现行投资补助标准

多年来，我国普通公路建设投入一直执行中央财政补助、地方财政配套，以地方政府为主体的多方共同投资政策。通过对湖北省"十一五"以来在新改建工程投资政策的调查，其补助标准如表4-1所示。

表4-1 湖北省普通干线公路新改建投资补助标准一览表

序号	项目类别	"十一五"时期	"十二五"时期	备注
1	国省干线一级公路建设	未通高速500万元/公里，已通高速400万元/公里	未通高速500万元/公里，已通高速400万元/公里	路面宽18米
2	国省干线二级公路建设	水泥砼、沥青砼路面100万元/公里，沥青碎石路面70万元/公里	水泥砼、沥青砼路面100万元/公里，沥青碎石路面70万元/公里	路面宽8.5米

续表

序号	项目类别	"十一五"时期	"十二五"时期	备注
3	其他二级公路改造	50万元/公里	50万元/公里	
4	新改建桥梁工程	按项目建安费补助	按项目建安费补助	最高不超过400万/公里

除此之外，根据省交通运输厅关于印发《全省普通公路建设三年攻坚战实施方案》的通知（鄂交计〔2013〕12号文）精神，省对规划内项目实行定额补助，其余部分由地方自筹解决。省部分最新投资补助标准如下：

(1)县乡公路改造：县乡公路改造项目按每公里30万元进行补助。

(2)通村沥青(水泥)路：恩施州通建制村沥青水泥路项目按每公里50万元进行补助，大别山试验区按每公里20万元进行补助，贫困县按每公里15万元进行补助，其他县市按每公里10万元进行补助。

(3)农村公路桥梁：不超过概算的60%，且每延米不超过1.5万元。

(4)安保工程：根据交通运输部关于印发《公路路网结构工程管理办法的通知》（交公路发〔2011〕182号文）精神，国省干线平均每公里不超过5万元，农村公路平均每公里不超过4万元，且不超过概算的60%。

(5)地灾治理：根据交通运输部关于印发《公路路网结构工程管理办法的通知》（交公路发〔2011〕182号文）精神，平均每公里不超过20万元，且不超过概算的60%。

二、湖北省普通公路新改建工程现行投资政策特点

通过对湖北省"十一五"以来普通干线公路新改建投资政策的分析，发现具有如下特点：

(1)从"十一五"以来，无论是CPI指数的上涨，还是直接成本

的大幅度提升，湖北省普通干线公路新改建投资政策没有大的调整，这样必然导致地方配套资金压力的加大，同时也降低了地方政府在新改建工程上的积极性。

（2）省补助标准未体现地区差异性。除通村沥青（水泥）路考虑了恩施州地区、大别山地区等山区的特殊性外，其他补助标准均采取的是"一刀切"的补助方式，未考虑地区建设成本、地质条件等因素的差异，这种"一刀切"补助标准不利于各区域在普通公路新改建项目上的均衡发展。

第二节　湖北省普通公路新改建工程计划执行情况

一、普通国省干线公路新改建工程计划执行情况

通过对荆州、咸宁、襄阳、黄冈、恩施、武汉等六个典型市州普通干线公路的计划执行情况进行收集，其一级公路和二级公路的路面计划执行情况如表4-2所示。

表4-2　　　　湖北省典型市州普通干线公路
　　　　　新改建计划执行情况汇总表　　　计量单位：公里

序号	项目类别	"十一五"时期			"十二五"时期前四年		
		计划路面	完成	完成率（%）	计划路面	完成	完成率（%）
一	国省道一级公路建设	411.242	428.192	104%	994.809	559.36	56%
	荆州市	58.12	58.12	100%	250.82	80.64	32%
	咸宁市	79	60	76%	77.59	72.57	94%
	黄冈市	105	105	100%	311.3	114	37%
	恩施州	17.35	9	52%	1.1	1.1	100%
	襄阳市	123.7	168	136%	195	140	72%

续表

序号	项目类别	"十一五"时期			"十二五"时期前四年		
		计划路面	完成	完成率(%)	计划路面	完成	完成率(%)
	武汉市	28.072	28.072	100%	158.999	151.05	95%
二	国省道二级公路建设	609.7	615.68	101%	3247.518	1734.3	53%
	荆州市	33.52	33.52	100%	406.82	242.29	60%
	咸宁市	110	110	100%	321.771	401.08	125%
	黄冈市	133	133	100%	874	510	58%
	恩施州	178.62	178.6	100%	866	232.2	27%
	襄阳市	96	102	106%	657	260	40%
	武汉市	58.56	58.56	100%	121.927	88.77	73%

根据表4-1，国省道一级公路和二级公路完成率分别见图4-1和图4-2。

通过上述数据，可得到如下结论：

(1)国省道一、二级公路"十二五"的新改建工程完成率总体低于"十一五"时期。"十二五"前四年，国省道一级公路总体完成率为56%，二级公路总体完成率为53%，相较于预期完成情况总体有所滞后。

(2)从6个典型城市的计划完成情况来看，中心城区(武汉)的新改建工程计划总体执行情况较好，到"十二五"末基本能够完成计划指标。平原地区(荆州)在"十一五"期间完成情况很好，到"十二五"期间，计划路面大幅提升，完成计划有一定难度。丘陵地区(咸宁、襄阳)总体完成情况较好，其中，襄阳市的二级公路新改建在"十二五"期间有所滞后。对于山岭地区(黄冈、恩施)"十二五"期间完成情况，除恩施的一级公路建设完成计划外，黄冈一、二级公路新改建和恩施二级公路新改建均难以完成计划。

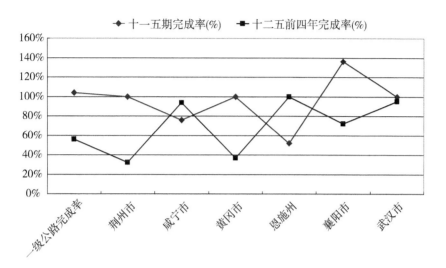

图 4-1　国省道一级公路路面完成率

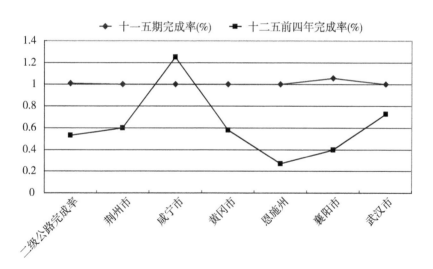

图 4-2　国省道二级公路路面完成率

(3) 从"十一五"到"十二五"路面完成量来看,"十二五"期间,国省道一、二级公路计划路面完成量均大幅增加,尤其是二级公路建设计划量,上涨了4倍,这与湖北省经济快速发展,区域经济增量明显,因而派生出交通需求量的快速增长相关。

二、农村公路新改建工程计划执行情况

对六个典型市州农村公路新改建计划执行情况的数据进行收集整理,如表4-3所示。

表4-3　湖北省典型市州农村公路新改建工程执行情况汇总表　　计量单位:公里

序号	项目类别	"十一五"时期			"十二五"时期前四年		
		计划路面	完成	完成率(%)	计划路面	完成	完成率(%)
一	县乡道二级公路	646.86	646.86	100%	1461.48	1145.06	78%
	荆州市	171.18	171.18	100%	181.6	156.7	86%
	咸宁市	14.4	14.4	100%	23.7	23.7	100%
	黄冈市	133	133	100%	750	512	68%
	恩施州	30	30	100%	156.3	120	77%
	襄阳市	120	120	100%	277.52	260.3	94%
	武汉市	178.28	178.28	100%	72.36	72.36	100%
二	县乡道改造	4522.47	4815.47	106%	3718.1	3781.73	102%
	荆州市	951.27	951.27	100%	475.6	475.6	100%
	咸宁市	493	493	100%	333	333	100%
	黄冈市	1160	1224	106%	717	800	112%
	恩施州	1300	1300	100%	913	913	100%
	襄阳市	530	759	143%	967.880	958.820	99%
	武汉市	88.2	88.2	100%	311.62	301.31	97%
三	通村公路建设	42939.6	47883.66	112%	40978.06	41070.36	100%

续表

序号	项目类别	"十一五"时期			"十二五"时期前四年		
		计划路面	完成	完成率（%）	计划路面	完成	完成率（%）
	荆州市	8371.55	8371.55	100%	3524.2	3524.2	100%
	咸宁市	4938	4938	100%	2166	2166	100%
	黄冈市	11947	12030	101%	23470	23470	100%
	恩施州	3989	3989	100%	6510	6510	100%
	襄阳市	8894	11800.108	133%	3463.856	3779.656	109%
	武汉市	4800	6755	141%	1844	1620.5	88%

通过上述数据分析，可得到如下结论：

（1）根据县乡道二级公路建设完成率来看，"十二五"前四年，各市提前或者基本达到目标。"十二五"计划路面总体高于"十一五"时期。

（2）根据县乡道改造计划执行情况来看，"十二五"前四年，各市也提前或者基本达到目标，黄冈市已经超额完成计划。与县乡道二级公路建设有所不同的是，"十二五"期间的计划路面总体低于"十一五"时期，与县乡道二级公路建设正好形成互补。

（3）根据通村公路建设计划执行情况来看，各市通村公路"十一五"以来计划总体完成情况很好，部分城市超额完成计划。"十二五"期间的计划路面总体低于"十一五"时期。

（4）根据农村公路新改建总体情况分析，相比国省干线，农村公路计划总体执行情况很好，均完成了建设目标。

第三节　湖北省普通公路新改建工程投资情况

一、普通干线公路新改建工程投资情况

对六个典型市州普通干线公路建设资金部省补助和地方配套情况的数据进行收集整理，如表4-4所示。

表 4-4　　湖北省典型市州普通干线公路建养投资情况汇总表

计量单位：万元

序号	项目类别	"十一五"时期						"十二五"时期前四年					
		计划投资	部省补助	部省补助比例(%)	地方配套			计划投资	部省补助	部省补助比例(%)	地方配套		
					计划配套	实际到位	到位率(%)				计划配套	实际到位	到位率(%)
一	国省道一级公路建设	325133	108397	33%	216736	195523	90%	2290523	514861	22%	1769662	904615	51%
	荆州市	68190	26692	39%	41498	38566	93%	629263	121540	19%	507723	158884	31%
	咸宁市	61359	23482	38%	37877	34000	90%	152680	39852	26%	112828	72000	64%
	黄冈市	67680	18950.4	28%	48729.6	42000	86%	676547.4	138342	20%	538205.2	269103	50%
	恩施州	67501	16671	25%	50830	45000	89%	150195	27415	18%	122780	72000	59%
	襄阳市	33587	15743	47%	17844	16000	90%	405042	107341	27%	297701	150000	50%
	武汉市	26816	6859	26%	19957	19957	100%	276795.6	80370.6	29%	190425	182629	96%

续表

序号	项目类别	"十一五"时期							"十二五"时期前四年					
		计划投资	部省补助	部省补助比例(%)	地方配套			计划投资	部省补助	部省补助比例(%)	地方配套		
					计划配套	实际到位	到位率(%)				计划配套	实际到位	到位率(%)
二	国省道二级公路建设	340430	163094	48%	177336	142626	80%	1485361	482020	32%	1003340	512484	51%
	荆州市	10721	6982	65%	3739	2726	73%	185585	40682	22%	144903	32027	22%
	咸宁市	11000	5600	51%	5400	4900	91%	162532	54811	34%	107721	65000	60%
	黄冈市	125841	74502	59%	51339	36500	71%	473423	135740	29%	337683	151957	45%
	恩施州	104968	57877	55%	47091	35500	75%	466124	171550	37%	294574	180000	61%
	襄阳市	25636	12277	48%	13359	10500	79%	167869	73268	44%	94601	61000	64%
	武汉市	62264	5856	9%	56408	52500	93%	29827	5969	20%	23858.4	22500	94%

根据表4-4，国省道普通干线公路"十一五"和"十二五"时期部省补助比例与地方配套情况见图4-3和图4-4所示。

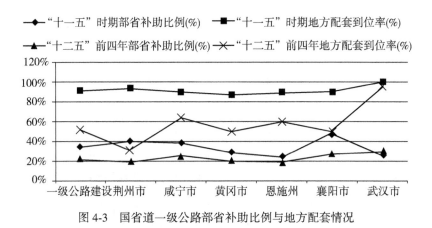

图4-3　国省道一级公路部省补助比例与地方配套情况

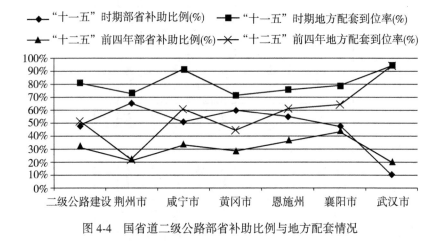

图4-4　国省道二级公路部省补助比例与地方配套情况

通过分析，可得到如下结论：

（1）关于国省普通干线公路部省补助比例，"十一五"期间部省补助比例总体水平高于"十二五"期间。其中，一级公路的部省补助比例从"十一五"时期的33%下降到"十二五"的22%，二级公路的部省补助比例从"十一五"时期的48%下降到"十二五"的32%，分别下降11个百分点和16个百分点。

（2）从地方配套到位率来看，各市州的地方配套到位率从"十一五"期间到"十二五"期间，总体水平在下降。其中，一级公路的地方配套到位率从"十一五"时期的90%下降到"十二五"的51%，二级公路的地方配套到位率从"十一五"时期的80%下降到51%，分别下降39个百分点和29个百分点。

（3）总体来讲，二级公路的部省补助比例高于一级公路的部省补助比例，而地方配套情况差异不大。

二、农村公路新改建工程投资情况

对六个典型市州农村公路新改建资金部省补助和地方配套情况的数据进行收集整理，如图4-5所示。

根据表4-5，农村公路"十一五"和"十二五"时期新改建工程部省补助比例与地方配套情况见图4-5、图4-6和图4-7所示。

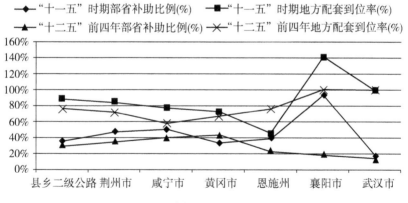

图4-5　县乡二级公路部省补助比例与地方配套情况

表 4-5　湖北省典型市州农村公路新改建工程投资情况汇总表

单位：万元

序号	项目类别	市州	"十一五"时期					"十二五"时期前四年				
			计划投资	部省补助	部省补助比例（%）	地方配套 计划配套	地方配套 实际到位	到位率（%）	计划投资	部省补助	部省补助比例（%）	地方配套 计划配套	地方配套 实际到位	到位率（%）

序号	项目类别	市州	计划投资	部省补助	部省补助比例（%）	计划配套	实际到位	到位率（%）	计划投资	部省补助	部省补助比例（%）	计划配套	实际到位	到位率（%）
一	县乡二级公路		116405	42799	37%	74364	66898	90%	175825	55799	32%	120026	92335	77%
		荆州市	20784	10008	48%	10776	9171	85%	49785	18058	36%	31727	23048	73%
		咸宁市	4722	2427	51%	2295	1800	78%	22947	9527	42%	13420	8000	60%
		黄冈市	19981	6962	35%	13019	9500	73%	29006	12793	44%	16213	11000	68%
		恩施州	7707	3059	40%	4648	2100	45%	47602	11223	24%	36379	28000	77%
		襄阳市	12622.2	11689	93%	1691.2	2392.1	141%	1400	286	20%	1114	1114	100%
		武汉市	50588.7	8654	17%	41934.7	41934.7	100%	25085	3912	16%	21173	21173	100%
二	县乡公路改造		288750.9	127423	44%	155462	126218.4	81%	471429	153833	33%	317924	273353	86%
		荆州市	58822	25028	43%	33794	30149	89%	41363	14268	34%	27095	22119	82%
		咸宁市	28371	13564	48%	14807	11000	74%	43100	14352	33%	28748	24000	83%

续表

序号	项目类别		"十一五"时期							"十二五"时期前四年						
		计划投资	部省补助	部省补助比例(%)	地方配套			计划投资	部省补助	部省补助比例(%)	地方配套		
					计划配套	实际到位	到位率(%)				计划配套	实际到位	到位率(%)
	黄冈市	94064	28273	30%	65791	51000	78%	99651	36894	37%	62757	51000	81%
	恩施州	65000	52000	80%	13000	6000	46%	106280	62860	59%	43420	37000	85%
	襄阳市	36463.5	6794	19%	23803.1	23803	100%	108555	20182	19%	88701.5	74234.1	84%
	武汉市	6030.4	1764	29%	4266.4	4266.4	100%	72479.9	5277	7%	67202.9	65000	97%
三	通村公路建设	882534	395846	45%	510190	478854	94%	605105	369272	61%	237678	237678	100%
	荆州市	209147	83574	40%	125573	125573	100%	105726	35242	33%	70484	70484	100%
	咸宁市	108625	49933	46%	58692	55000	94%	47652	24957	52%	22695	22695	100%
	黄冈市	168547	96527	57%	72020	68000	94%	98182	78037	79%	20145	20145	100%
	恩施州	67806	40378	60%	27428	19943	73%	230744	185641	80%	45103	45103	100%
	襄阳市	214925.2	77434.09	36%	160993	144853.7	90%	82233.3	26955	33%	57123.2	57123	100%
	武汉市	113484	48000	42%	65484	65484	100%	40568	18440	45%	22128	22128	100%

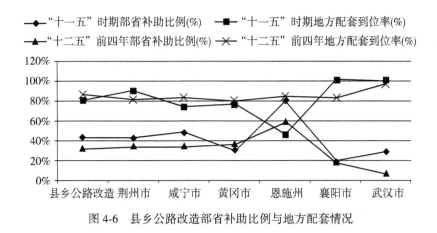

图 4-6 县乡公路改造部省补助比例与地方配套情况

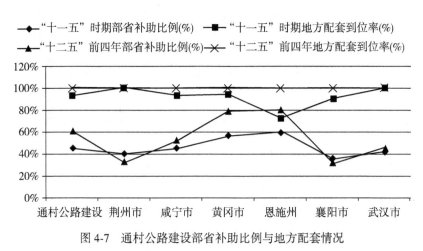

图 4-7 通村公路建设部省补助比例与地方配套情况

通过分析，可得到如下结论：

(1)关于农村公路新改建的部省补助比例，从"十一五"到"十二五"期间，县乡二级公路和县乡公路改造总体处于下降趋势，而通村公路建设总体处于上升趋势。其中，县乡二级公路的部省补助比例从"十一五"时期的37%下降到"十二五"的32%，县乡公路改造的部省补助比例从"十一五"时期的44%下降到"十二五"的33%，分别下降5个百分点和11个百分点；通村公路建设的部省补助比例从"十一五"时期的45%上升到"十二五"的61%，上升16个百分点。

（2）关于地方配套情况，县乡二级公路的地方配套率从"十一五"时期的90%下降到"十二五"时期的77%，下降13个百分点，县乡公路改造和通村公路建设的地方配套率则处于上升趋势，分别从"十一五"时期的81%和94%上升到86%和100%，分别上升5个百分点和6个百分点。其中通村公路建设地方配套全部执行。

（3）总体来讲，通村公路建设的部省补助比例和地方配率相对最高，其次是县乡公路改造，县乡二级公路建设的部省补助比例和地方配率相对最低。

（4）和国省干线的部省补助比例以及地方配套率相比较，农村公路的总体执行情况较好，尤其是通村公路建设，均达到100%。

三、地方财务配套能力

湖北省各典型市州地方财政及其交通行业可支配收入情况如表4-6所示，各典型区域交通行业可支配收入占财政收入比率如图4-8所示。

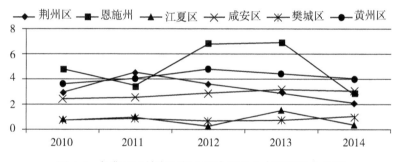

图4-8 各典型区域交通行业可支配收入占财政收入比率

通过分析，可得到如下结论：

（1）各典型区域交通可支配收入占财政收入比率总体较平稳，呈略微下降趋势。

（2）总体来讲，交通行业可支配收入占财政收入的比率较低，说明湖北省地方财政对于交通行业的投入总体不足。

表 4-6　　湖北典型市州地方财政交通行业可支配收入情况

单位：万元

市州名称	县市区名称	2010 年财政收入		2011 年财政收入		2012 年财政收入		2013 年财政收入		2014 年财政收入	
		总收入	其中：交通行业可支配收入占比(%)	总收入	其中：交通行业可支配收入占比(%)	总收入	其中：交通行业可支配收入占比(%)	总收入	其中：交通行业可支配收入占比(%)	总收入	其中：交通行业可支配收入占比(%)
荆州市	荆州区	56576	2.97	71873	4.46	79980	3.63	100253	2.97	129167	2.08
恩施州	恩施市	94972	4.76	119441	3.49	158070	6.84	209326	6.92	244400	2.91
武汉市	江夏区	497300	0.82	568000	1.02	862946	0.36	1061466	1.57	1253000	0.34
咸宁市	咸安区	48192	2.49	63103	2.54	68500	2.92	74600	3.22	89168	3.14
襄阳市	樊城区	55100	0.73	66120	0.91	142000	0.70	177500	0.79	185000	0.97
黄冈市	黄州区	54300	3.68	68800	4.07	82770	4.83	102027	4.45	117600	4.08

第四节 湖北省普通公路新改建工程成本分析

一、新改建成本分析方法

由于全省各区域的经济发展水平、地质条件等要素存在较大的差异,因此在对省内普通干线新改建成本进行分析时,要充分地考虑这些自然因素,利于成本的科学评价和分析。因此,按照技术等级和地形地貌,选取"十二五"期间的普通干线公路典型新改建项目进行成本分析,根据经济发展水平和技术等级进行成本测算,测算步骤如下:

(1)针对4种典型类型分别选取"十二五"时期省内8~10个实际新改建工程项目,测算每个项目的面积单位成本:

$$C_a = I \cdot 10000 / (K \cdot W \cdot 1000)$$

式中,C_a——面积单位成本(元/米^2)

I——新改建项目总投资(万元)

K——新改建项目总里程(公里)

W——路面宽度(米)

(2)分别计算4种典型类型新改建项目的平均路面宽度:

$$\overline{W} = \sum_{i=1}^{n} W_i / n$$

式中,$\overline{W}$——平均路面宽度(米)

i——每种典型类型选取的新改建项目数

(3)分别计算4种典型类型新改建项目的面积平均成本和里程平均成本:

面积平均成本:

$$\overline{C_a} = \sum_{i=1}^{n} C_{ai} / n$$

里程平均成本：

$$\overline{C_k} = \overline{C_a} \cdot \overline{W} \cdot 1000/10000$$

式中，$\overline{C_a}$——面积平均成本（元/米²）

$\overline{C_k}$——里程平均成本（万元/公里）

(4) 普通干线一、二级公路平均成本：

$$\overline{C_1} = \alpha_{11}C_{k11} + \alpha_{12}C_{k12}$$

$$\overline{C_2} = \alpha_{21}C_{k21} + \alpha_{22}C_{k22}$$

式中，$\overline{C_1}$，$\overline{C_2}$——普通干线一、二线公路平均成本（万元/公里）

α_{ij}——权重，i 表示技术等级，j 表示经济发展水平

C_{kij}——4 种典型类型的里程平均成本，i 表示技术等级，j 表示经济发展水平。

二、国省干线新改建成本分析

根据上文中的分析方法，具体测算结果如表 4-7 所示。

为了对普通干线贫困地区和一般地区、一级公路和二级公路的新改建成本进行科学测算，需要分别选取贫困地区一级公路与一般地区一级公路的相对权重、贫困地区二级公路与一般地区二级公路的相对权重，以及一级公路和二级公路的相对权重，因此，对"十二五"时期贫困地区与一般地区等级公路的百分比进行测算，作为权重，进行平均成本的测算，如表 4-8 所示。

根据表 4-8，可以得到以下结论：

（1）根据"十二五"期间普通公路建设情况，一、二级公路总体占比分别为 27% 和 73%，因此在成本测算中，一、二级公路总权重分别取 0.27 和 0.73。

表4-7 普通干线新改建平均成本测算

类型	地区	项目名称	里程（公里）	投资（万元）	路面宽度（米）	平均路面宽度（米）	面积单位成本（元/米²）	面积平均成本（元/米²）	里程平均成本（万元/公里）	备注
贫困地区一级公路新改建	恩施州	省道利鱼线利川市绕城段	15.39	60650	18		2189.37			鄂交建[2014]712号
	恩施州	318国道恩施吉心至虎岔口段改建工程	19.68	42011	18		1185.95			工可已评审，待批复
	恩施州	209国道恩龙凤坝至谭家坝段改建工程	20.26	116820	18		3203.36			鄂发改审批[2012]535号
	恩施州	353国道咸丰县城经火车站至丁寨互通	14.00	64800	18	18	2571.43	1842.64	3317	恩施州发改审[2013]100号
	恩施州	318国道利川绕城段	6.87	47521	18		3842.88			鄂交建[2014]672号
	十堰市	郧西县上津绕城段	5.06	4925	18		540.73			
	十堰市	G346国道竹溪县河至黄龙段，竹溪花家寺至关垭段	29.71	43448	18		812.34			鄂交建[2014]132号

续表

类型	地区	项目名称	里程（公里）	投资（万元）	路面宽度（米）	平均路面宽度（米）	面积单位成本（元/米²）	面积平均成本（元/米²）	里程平均成本（万元/公里）	备注
贫困地区二级公路新改建	恩施州	339省道红二线建始红岩寺至景阳	47.7	22375	7		670.11			
	恩施州	S245三峡库区巴东新县城至野三关公路工程	69.81	109340	7		2237.50			
	恩施州	S286利川市凉雾至文斗公路	74.513	45298	7		868.46			鄂路建〔2013〕639号
	恩施州	S367来凤县讨火车至橙木园公路改扩建工程	50.419	36331	7		1029.40			鄂路建〔2013〕605号
	恩施州	209国道建始县龙坪乡绕镇公路	4	3200	7	7	1142.86	1198.73	839	
	恩施州	209国道宣恩县高罗集镇绕镇公路	6.894	5272	7		1092.46			鄂路建〔2015〕1号
	恩施州	G351国道鹤来公路鹤峰县城关至宣恩县当阳坪段改建工程	63.62	47216	7		1060.22			
	恩施州	S465建始县天竹坝至云桂桥公路	37.318	38954	7		1491.20			鄂路建〔2013〕463号
	十堰市	G242国道郧西县孙家湾至上津段改建	17.5	14655	7		1196.33			

第四节 湖北省普通公路新改建工程成本分析 | 73

续表

类型	地区	项目名称	里程（公里）	投资（万元）	路面宽度（米）	平均路面宽度（米）	面积单位成本（元/米²）	面积平均成本（元/米²）	里程平均成本（万元/公里）	备注
一般地区一级公路新改建	荆州市	318国道荆州段改扩建工程	68.707	185600	18		1500.74			鄂发改交通[2012]34号
	荆州市	S322省道沙洈线荆州至松滋公路	63.516	205516	18		1797.59			鄂发改审批[2013]21号
	荆州市	S214省道仙桃至赤壁公路洪湖段改建工程	49.36	106414	18		1197.71			鄂发改审批[2014]87号
	荆州市	103省道汉沙线洪湖市城区绕城段改扩建工程	18.964	43795	18		1282.99			鄂发改交通[2012]113号
	武汉市	318国道武汉永安至成功段改扩建工程	27.926	46344	18	18	921.96	1389.18	2501	鄂发改审批服务[2014]223号
	荆门市	G348国道荆门城区绕城公路牌楼至团林段	34.762	94218	18		1505.76			
	孝感市	347国道应城市绕城段工程	18.095	55798	18		1713.12			
	黄石市	S412省道黄石阳新公路（阳新段）	21.447	54086	18		1401.02			鄂发改审批服务[2014]303号
	黄石市	S349省道大冶港湖至鄂州茅折公路	34.738	73892	18		1181.74			

续表

类型	地区	项目名称	里程（公里）	投资（万元）	路面宽度（米）	平均路面宽度（米）	面积单位成本（元/米²）	面积平均成本（元/米²）	里程平均成本（万元/公里）	备注
一般地区二级公路新改建	荆州市	207国道公安县章庄铺至卷桥水库段公路改建工程	10.55	11544	9	8.7	1215.80	827.85	720	鄂路建[2014]153号
	荆州市	351国道公安县黄金口至斑竹垱段改建工程	13.529	19666	8.5		1710.14			鄂交函[2014]141号
	荆州市	215国道监利县周老嘴至毛市段改建工程	19.2	17876	9		1034.49			鄂交函[2014]136号
	荆州市	428省道荆州区花园至朱家岭改建工程	13.42	6938	8.5		608.22			鄂路建[2014]110号
	荆州市	S270监利县桐梓湖至鄂魏段改建工程	28.42	12899	8.5		533.97			鄂路建[2013]656号
	荆州市	428省道荆州区大湖港至李埠公路改建工程	5.8	2104	8.5		426.77			鄂路建[2014]19号
	荆州市	350省道江陵县资市至滩桥公路改建工程	13.61	5515	8.5		476.73			鄂路建[2013]490号
	黄石市	G316国道阳新县军垦农场至大冶梅咀公路（阳新段）	18.808	15378	9		908.48			鄂路建[2013]430号
	荆门市	G347国道荆门市东宝区洞沟至宝马河段改建工程	10.107	6985	8.5		813.06			鄂路建[2014]414号
	襄阳市	S335枣阳市城区段改建工程	10.955	5431	9		550.84			鄂路建[2014]93号

表 4-8　贫困地区与一般地区等级公路所占百分比

类型	"十二五"时期里程(公里)	平均里程成本(万元/公里)	不同地区一、二级公路比例	一、二级公路百分比
贫困地区一级公路新改建	450.48	3317	16%	27%
一般地区一级公路新改建	2353.878	2501	84%	
贫困地区二级公路新改建	2290.022	839	30%	73%
一般地区二级公路新改建	5261.558	720	70%	

资料来源:《湖北省公路统计年鉴》。

(2)根据"十二五"期间普通公路建设情况,贫困地区一级公路和一般地区一级公路占比分别为16%和84%,贫困地区二级公路和一般地区二级公路占比分别为30%和70%,因此在成本测算中,贫困地区一级公路和一般地区一级公路权重分别取0.16和0.84,贫困地区二级公路和一般地区二级公路权重分别取0.3和0.7。

经过计算,得到一、二级普通公路新改建成本如表4-9所示。

表 4-9　普通公路新改建平均成本测算

类型	平均里程单位成本(万元/公里)
一级公路	3317×0.16+2501×0.84=2631
二级公路	839×0.3+720×0.7=756
普通干线公路	2631×0.27+756×0.73=1262

根据以上测算,发现对于普通干线新改建成本,不同技术等级、不同地形地貌之间的建造成本差异较大。

三、农村公路新改建工程成本分析

根据"十二五"时期历史数据,农村公路新改建总体执行情况较好,对农村公路新改建的成本测算如表4-10与表4-11所示。

表 4-10　农村公路新改建成本测算表

计量单位：里程：公里；费用：万元

类型	地区	项目名称	里程或延米（公里）	投资（万元）	路面宽度（米）	面积单位成本（元/米²）	平均单位成本（元/米²）	里程平均成本（万元/公里）	备注
贫困地区一级农村公路新改建	十堰市	十房高速至三海堰连接线	4.40	5720	18	722.22	1525.40	2746	
	十堰市	郧漫线城关一大堰	8.00	10000	18	694.44			
	黄冈市	小池至龙感湖一级公路	20.17	60030	18	1653.20			
	恩施州	恩施虎岔口至向家村公路	14.00	76400	18	3031.75			
一般地区一级农村公路新改建	荆州市	荆州市纪南城至楚王车马阵旅游公路	41.421	77447	18	1038.75	1085.72	1954	鄂交建[2014]397号、鄂路建[2014]215号
	荆州市	荆州荆安至李埠港一级公路新建工程	10.461	21470	18	1140.21			鄂交建[2014]368号
	荆州市	松滋市桠权铺至阳河公路	6.462	10615	18	912.60			鄂交建[2014]320号
	荆州市	新沟傅家台至随岳高速公路连接线	10.557	21233	18	1117.37			鄂交建[2015]163号
	荆州市	公安斗湖堤至荆东高速公路黄金口互通连接线	6.381	14009	18	1219.68			鄂发改交通[2012]117号

第四节　湖北省普通公路新改建工程成本分析 | 77

续表

类型	地区	项目名称	里程或延米（公里或米）	投资（万元）	路面宽度（米）	面积单位成本（元/米²）	平均单位成本（元/米²）	里程平均成本（万元/公里）	备注
贫困地区二级农村公路新改建	恩施州	恩施市龙凤试点三龙坝至龙马二级公路	24.183	25196	7	1488.41	1111.21	778	恩市发改交通[2013]21号
	十堰市	茅箭区马家河至紫武当公路马家河至营子段	14.423	10022	7	992.66			宜发改审批[2014]61号
	宜昌市	荷花镇盘古至儿女公路	15.4	9800	7	909.09			宜市交建[2014]29号
	宜昌市	秭归县周聚至郝溪景区改造工程（九畹溪景区对外交通）	20.099	15300	7	1087.47			荆交计发[2012]177号
一般地区二级农村公路新改建	荆州市	江陵县马家寨至郝穴镇旅游公路	17	7212	7	606.05		603	荆交计发[2012]186号
	荆州市	公安县金乙至北闸红色旅游公路	7	4357	7	889.18			荆发改审批[2013]354号
	荆州市	新马线滩桥至马家寨公路改建工程	11.3	3708	7	468.77	610.65	427	荆发改审批[2012]212号
	荆州市	西秘线西门至秘师桥公路	5.6	2151	7	548.72			荆发改审批[2012]513号
	荆州市	桃花山至五码口公路	14.93	5649	7	540.52			

续表

类型	地区	项目名称	里程(公里或延米)	投资(万元)	路面宽度(米)	面积单位成本(元/米²)	平均单位成本(元/米²)	里程平均成本(万元/公里)	备注
县乡级公路改造	武汉市	新洲区陈孔线改造	4.98	2883.09	7	827.05	329.28	230	鄂路计[2014]124号
	武汉市	江夏区五小线改造	12.79	2806	7	313.44			鄂路计[2014]124号
	襄阳市	保康歇百线歇马至百峰	19.00	6548	7	492.33			鄂路计[2014]124号
	襄阳市	保康下泻至高池公路	5.00	618	7	176.57			鄂路计[2014]124号
	荆州市	黄伍线伍家西大垸农场公路	5.80	685.25	7	168.78			鄂路计[2014]124号
	荆州市	曹张线西千渠至柴林公路	5.20	1159	7	318.41			鄂路计[2014]124号
	黄冈市	县道贾大线贾庙桥至金鸡段公路	14.00	3056	7	311.84			鄂路计[2014]124号
	黄冈市	罗田县县道张胜线罗家畈至龚家冲段	15.00	3121	7	297.24			鄂路计[2014]124号
	咸宁市	白石港至铜钟乡	7.80	1201.17	7	219.99			鄂路计[2014]124号
	咸宁市	官石线崇阳金沙至石家祠公路工程	13.39	2328	7	248.32			鄂路计[2014]124号
	恩施州	恩施市大集至龙井公路	6.00	1200	7	285.71			鄂路计[2014]124号
	恩施州	县道小兴线石朝水至兴隆口段	12.00	2450	7	291.67			鄂路计[2014]124号

备注：由于不同经济区域、不同技术等级的农村公路里程数据较难获取，因此在计算平均成本时采用算术平均数进行计算。

第四节 湖北省普通公路新改建工程成本分析 | 79

表4-11 通村公路新改建成本表

计量单位：里程：公里；费用：万元

市(州)	项目名称	计划年度	路面类型(桥型结构)	批复总规模 工程量 路基/路面	批复总规模 总投资	资金到位情况 部省补助投资到位率(%)	资金到位情况 地方配套资金到位率(%)	平均每公里(每延米)投资	平均每公里(每延米)建安费
荆州市	定向村通村公路	2010	水泥混凝土	1.8	54	100%	100%	30	30
荆州市	观音垱村连通工程	2014	水泥混凝土	1	30	100%	100%	30	30
黄冈市	梅川镇吕兴祖村通村公路建设	2014	水泥混凝土	4	100	100%	100%	25	20
武汉市	长大路至瞿家咀公路	2010	水泥混凝土	0.5	14.19	100%	100%	30	30
武汉市	一家路	2014	水泥混凝土	1.5	45	100%	100%	30	30

由于农村公路总体执行情况较好，可参照现有政策继续执行，并根据各项成本的上涨比例，建立合理的持续上升调控机制。

第五节　湖北省新改建工程投资政策研究小结

一、同一技术等级不同地域新改建工程成本差异较大

通过对新改建工程历史成本分析发现（见表4-7与表4-9），由于地理位置、地形地貌、技术等级等条件差异，普通干线新改建成本有较大差异，而部省补助政策却是全省统一标准，在一定程度上影响了地方执行省下达计划的积极性。同时，由于各地的财政投入和融资能力不同，导致地方配套率存在较大差异，因此普通干线新改建工程计划执行情况存在较大差异，建议针对不同技术等级、不同地区，以及重要性不同，建立差异化补助标准。

二、县市在国省干线新改建工程项目中面临的资金压力加大，计划执行情况呈下降趋势

各县市在国省干线新改建工程项目中的资金压力逐渐加大，导致项目计划执行情况呈下降趋势。主要原因有以下三点：

一是部省补助比例偏低，并且数年不变。随着普通公路投资体制的转变，县市成为普通公路新改建的业主，而部省补助比例偏低（普通公路实际新改建成本远远高于补助标准，见表4-12），并且部省补助资金标准自"十一五"以来一直保持不变，使得部省补助资金占全部建设成本的比例逐年下降。

二是普通公路融资难度加大。目前普通干线公路基本不设收费站，政府还贷二级公路收费站撤销，普通公路"贷款修路、收费还贷"融资平台基本消失，普通公路融资难度加大，同时，由于普通公路的公益属性，决定了普通公路新改建项目建设融资困难加大，同时地方财力有限，建设资金总体不足，配套资金到位率难以满足。

三是普通公路建设成本逐年上涨。近年来，随着社会经济的快

速发展和CPI指数的逐年上涨，受材料、人工费用上涨及征地拆迁难度和费用增大等因素的影响，普通公路建设成本大幅上涨，需要地方配套的资金也就越来越大。

因此，普通干线公路计划总体执行率下降，这说明现行的资金补助政策已经不能满足普通干线新改建的需求，建议在现有基础上提高补助标准，同时根据CPI指数及区域经济发展状况，建立普通干线新改建补助资金持续上升调控机制，并与事权相协调，促进多方共同投入，提升资金到位率，促进普通公路新改建可持续发展。

表4-12　　湖北省普通公路新改建工程成本对比分析

计量单位：公路：万元/公里；桥梁：万元/延米

序号	项目类别	新改建投资补助标准（"十二五"时期）	实际新改建总成本测算	备注
1	国省干线一级公路建设	未通高速500万元/公里，已通高速400万元/公里	2631万元/公里	地区差异、技术等级差异较大
2	国省干线二级公路建设	水泥砼、沥青砼路面100万元/公里，沥青碎石路面70万元/公里	756万元/公里	
3	县乡一级公路	400万元/公里	2350万元/公里	
4	县乡二级公路	50万元/公里	603万元/公里	
5	县乡公路改造	30万元/公里	230万元/公里	各地区的各项成本基本相当
6	通村公路建设	恩施州通建制村沥青水泥路项目按50万元/公里进行补助，大别山试验区按20万元/公里进行补助，贫困县按15万元/公里进行补助，其他县市按10万元/公里进行补助	30万元/公里	

三、县市作为农村公路的投资主体，计划执行情况较好

根据计划执行情况分析，总体来讲，农村公路的整体计划完成情况较好，远高于国省干线执行情况。从"十一五"到"十二五"期间，各城市基本都能顺利甚至超额完成普通干线和农村公路的建设计划，因此对于农村公路新改建项目，可参照现有补助政策继续执行。

第五章 湖北省普通公路养护大中修工程投资政策研究

第一节 湖北省普通公路养护大中修工程现行投资政策概述

养护大中修工程一直执行中央财政补助、地方财政配套,以地方政府为主体的多方共同投资政策。中央财政补助方面,主要包括财政专项资金(如车辆购置税和成品油消费税)、中央和地方各级财政拨款以及国债专项资金。地方财政配套方面,主要渠道为地方融资,包括BT模式、地方政府银行贷款、地方政府年度财政预算支持。部分地、市(县)、州虽将公路养护工作列入绩效考核范围,但资金支持薄弱。

一、湖北省普通公路养护大中修工程现行投资补助标准

根据调查需要,通过对湖北省6个区域(荆州、咸宁、襄阳、黄冈、恩施、武汉)具有代表性的城市作为典型区域,对"十一五"以来湖北省普通公路养护大中修工程投资补助标准进行了统计,具体情况如表5-1所示。

表 5-1　　　　　　　养护大中修工程投资补助标准

技术等级	"十一五"时期	"十二五"时期
国省道大修	路面宽 9 米以下 90 万元/公里，路面宽 9 米以上 12 米以下 120 万元/公里	路面宽 9 米以下 90 万元/公里，路面宽 9 米以上 12 米以下 100 万元/公里，路面宽 12 米以上 15 米以下 130 万元/公里，路面宽 15 米以上 160 万元/公里
国省道中修	路面宽 9 米以下 30 万元/公里，路面宽 9 米以上 12 米以下 50 万元/公里，路面宽 12 米以上 70 万元/公里	路面宽 9 米以下 50 万元/公里，路面宽 9 米以上 12 米以下 60 万元/公里，路面宽 12 米以上 15 米以下 80 万元/公里，路面宽 15 米以上 100 万元/公里

二、现行政策对湖北省普通公路养护大中修工程的影响

（一）"费改税"政策使得地方筹集资金困难

为建立规范的税费体制和完善的价格机制、促进节能减排、环境保护和结构调整、依法筹措交通基础设施养护和建设资金，国家发展和改革委员会、财政部、交通运输部、国家税务总局于2009年出台了成品油税费改革方案（以下简称"费改税"）方案，取消公路养路费等六项收费，提高成品油单位税额。调整税额后形成的成品油消费税收入一律专款专用，主要用于替代公路养路费等六项收费支出。毋庸置疑，税费改革对公路养护大中修工程具有重要的促进作用。但同时，成品油消费税收入全部上缴，使得地方政府失去了以往筹集养护大中修工程资金的渠道，导致地方在执行养护大中修工程的计划困难，给公路养护大中修工程带来了新的变化和难题。

（二）财政体制改革，事权分离导致地方公路管理部门权责不对等

"省管县"财政体制改革实施以来，地方各级公路交通部门和施工单位普遍强烈反映的问题主要有三个：（1）各级财政部门未将

公路部省补助资金下拨时间安排节点及时告知公路交通主管部门和施工单位，信息沟通不畅，资金到位比较迟缓；（2）公路部省补助资金拨付施工单位前，财政部门在项目交工验收、质量检测评定、计量支付等程序方面，流于形式，未充分征求公路交通主管部门监督意见，存在较大的质量隐患。（3）公路部省补助资金拨付次数与项目建设支付周期不符，拨付金额与实际完成货币工程量不符，存在较大的管理漏洞。本来应由地方公路管理部门对养护大中修工程进行监督管理，但是由于失去了"财权"使得地方公路管理部门难以行使监督管理权利。

第二节　湖北省普通公路养护大中修工程需求分析

一方面，水泥混凝土路面和沥青混凝土路面袒露于大气和自然环境之中，经常受到温度和水分变化的影响，使其强度和刚度不稳定，其力学性能也就随之不断发生变化，而路面表层直接承受车轮的磨耗作用，经过一定的时间，路面表面的粗糙度就会降低，甚至被磨光，使得路面发生损毁；另一方面，普通公路建成以后，交通量迅速增长、车辆大型化、超载严重、行驶渠道化等，使路面受到了严峻的考验。普通公路在自然条件和日常车辆行驶使用下很容易产生各种病害，相应就要对普通公路进行养护大中修工程，保证普通公路的正常使用。湖北省普通公路养护大中修的需求主要体现在以下三个方面：

（一）湖北省普通公路的日常交通量逐步增长。

收集荆州（24个观测点）、咸宁（12个观测点）、黄冈（34个观测点）、恩施（30个观测点）、武汉（23个观测点）计123个观测点从2003年以来的观测数据，并对这些数据进行统计，得到自2003—2014年各个区域的"年平均日交通量"和"年平均日重载交通量"，如图5-1和图5-2所示。

根据图5-1可以看出，各市州之间的日交通量差异较大。武汉市的国省干线年平均日交通量发展最快，这与武汉市的省会城市地位相符。其次是荆州市和咸宁市，恩施州和黄冈市最低，这与城市

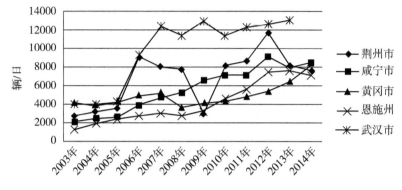

图 5-1　湖北省部分市州国省干线年平均日交通量

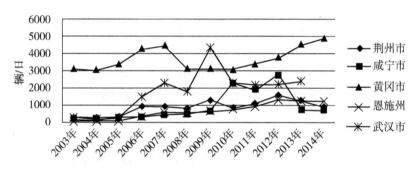

图 5-2　湖北省部分市州国省干线年平均日重载交通量

之间的地形,所处的地理位置密切相关。

根据图 5-2 所示,各市州之间的日重载交通量差异较大。其中,黄冈的日重载交通量最大,其次为武汉市,荆州、恩施和咸宁相对较低。

根据以上两图分析,可得如下结论:

(1)各市州之间的平均日交通量和平均日重载交通量差异较大,与城市所处的交通位置、地理状况密切相关。

(2)各市州的道路条件不同,因交通量的差异较大,导致道路使用状况不同,因此,对于道路大中修的需求存在较大差异。

(3)各地年均日交通量总体上保持增长的态势,其主要原因有两个方面：①随着社会经济的发展、车辆保有量的增加，交通量的增长是必然的；②湖北省"费改税"政策的实施，普通公路由收费变为免费，使得大量车辆由高速公路转向了普通公路，重载车辆的交通量也同时增长。

(二) 湖北省客货运量迅猛增长

自"十一五"以来，湖北省客货运输量也有了迅猛的增长，如图 5-3 和图 5-4 所示。

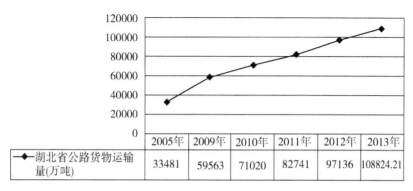

图 5-3　"十一五"以来湖北省公路货运量变化

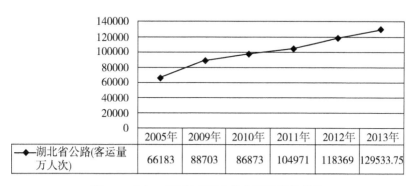

图 5-4　"十一五"以来湖北省公路客运量变化

从图 5-3 和图 5-4 可以发现：

(1)"十一五"以来，湖北省公路客货运输量一直处在高速发展时期，尤其是 2009 年以后，湖北省每年的客货运输量的环比增幅都在15%以上，这和经济形势的发展密不可分。然而，伴随着交通量的迅速增长，普通公路病害问题将更加突出，相应普通公路养护大中修的需求也将迅速增长。

(2)虽然各地区交通量整体都是增长态势，但是增长的绝对数值上有较大的差异，这个主要与地区所处的交通位置、经济发展水平、地理状况有密切的关系。

总体来讲，随着交通量的持续增长，对普通公路的需求将逐步上升，因此，由于普通公路产生病害而进行养护大中修工程的数量也将必然递增。

(三)湖北省民用车辆快速增长

"十一五"以来，湖北省民用车辆的数量也增长了3倍，如图5-5所示。

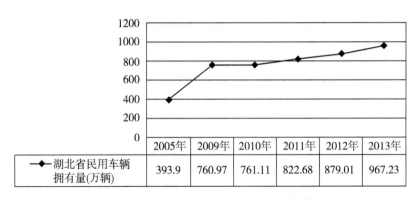

图5-5 "十一五"以来湖北省民用车辆保有量变化

2005年之后，私家车逐渐成为公路使用主体的新主力。2005年之前，受家庭收入的影响，湖北省私家车拥有量相对较少，但随着经济的发展，近十年来湖北省私家车增长量逐年增大，从图5-5可以看出，从2009年开始湖北省民用车辆拥有量每年以10%左右的速度递增，与普通运营客货车相比，私家车在公路使用上有密度大、频率高、假日效应等特点，虽然民用车载重量较低，但民用车的车速、使用频率等远远高于运营类车辆，对省级公路路面的损毁情况更具有不可预测性。因此，在湖北省的普通公路养护与管理方面应当逐渐重视这种新变化。

第三节 湖北省普通公路养护大中修工程计划执行情况

结合湖北省的地理地貌和经济发展现状，同样选取荆州、咸宁、襄阳、黄冈、恩施、武汉等六个典型市州，来对普通公路养护大中修工程的执行情况进行对比分析和研究。

一、大修养护工程计划执行情况

根据六个典型市州公路管理部门提供的数据，普通公路养护大修工程的计划数量与实际执行情况如图 5-6 和图 5-7 所示。

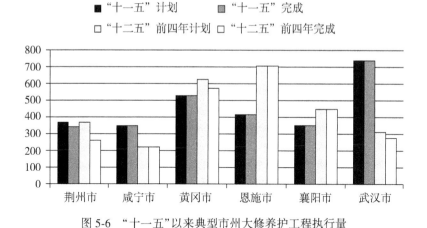

图 5-6 "十一五"以来典型市州大修养护工程执行量

根据图 5-6 与图 5-7，可以得到如下结论：

(1) 各地大修计划数量差异较大，这主要和地区所处的交通位置、经济发展水平、地理状况有密切的关系。

(2) "十一五"时期，各地区基本完成了大修养护工程计划，总体计划执行情况良好。在"十一五"末期，虽然 2009 年"费改税"政

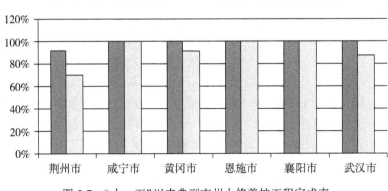

图 5-7 "十一五"以来典型市州大修养护工程完成率

策在湖北省开始实施执行，但此期间的计划由于是 2005 年左右下达，故"费改税"政策对大修养护工程的影响还不明显。

(3)"十二五"前四年，各地区大修养护工程基本按计划执行，咸宁、恩施、襄阳已完成相应计划，武汉、黄冈按照执行进度应能完成"十二五"计划，荆州的大修养护工程距离"十二五"最终目标有较大差距。究其原因，"费改税"政策的实施，使得各地在大修筹资过程中的难度增加，在一定程度上影响了大修计划执行进度。

二、中修养护工程计划执行情况

根据 6 个典型市州公路管理部门提供的数据，普通公路养护中修工程的计划数量、实际执行情况如图 5-8 和图 5-9 所示。

根据图 5-8 和图 5-9，可以得到以下结论：

(1)各地中修计划数量差异较大，这仍然与地区所处的交通位置、经济发展水平、地理状况有密切的关系。例如，荆州由于处于江汉平原，地下水位较高，对路基损毁严重，因此"十一五"时期相应中修工程数量较大。

(2)根据"十一五"期间和"十二五"前四年的计划执行情况，各地执行情况不容乐观。其中，"十一五"期间各地区均完成中修养护工程计划，主要是由于此段时期中修养护工程为省全额补助，

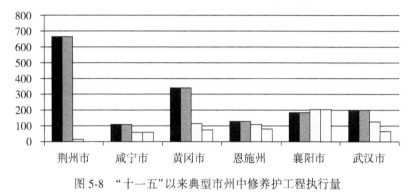

图 5-8 "十一五"以来典型市州中修养护工程执行量

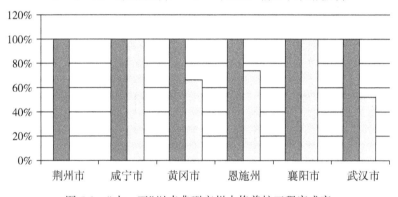

图 5-9 "十一五"以来典型市州中修养护工程完成率

到"十二五"期间，政策变化为省定额补助，地方配套资金后，"十二五"前四年，咸宁和襄阳完成情况较好，完成了相应计划任务，恩施、黄冈和武汉则没有完成目标，计划完成率在70%左右，而荆州的计划量很少，为13公里，完成公里数是0。

（3）从"十一五"到"十二五"期间，大修养护工程和中修养护工程实际执行数量差别巨大，经过调查得知，这与地方对于大修养护工程和中修养护工程重视的程度有关，因此公路中修养护工程量呈总体下降趋势且比大修养护工程下降更迅速。

第四节　湖北省普通公路养护大中修工程投资情况

"十一五"以来,养护大中修工程配套资金主体从原来的部省补助为主逐步转变为地方配套为主,部省补助采用定额补助方式。"十一五"期间,大修养护工程除部省补助外,开始由地方配套部分资金,中修养护工程仍然是部省全额补助;而"十二五"期间,大修养护工程资金中,部省补助比例进一步下降,中修养护工程也开始要求地方政府配套部分资金。"十一五"以来,养护大中修工程部省补助情况如图 5-10、图 5-11 所示。

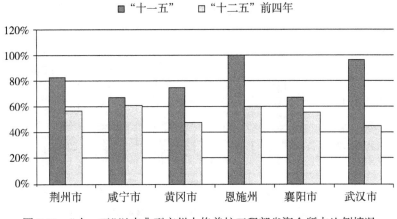

图 5-10　"十一五"以来典型市州大修养护工程部省资金所占比例情况

根据图 5-10、图 5-11 了解到,从"十一五"到"十二五"期间,虽然部省补助定额有所上调,但随着工、料、机成本的加大,部省补助在养护大中修工程资金中所占的比例却不断下降,需要地方配套的资金所占比例在持续增长。

而伴随着地方配套资金比例上升的却是地方配套资金到位率的下滑,如下图 5-12 所示。

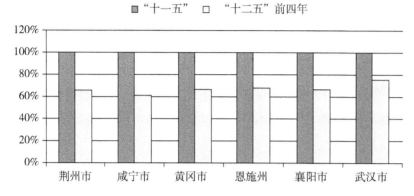

图 5-11 "十一五"以来典型市州中修养护工程部省资金所占比例情况

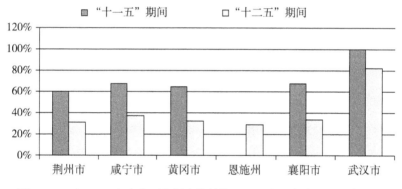

图 5-12 "十一五"以来典型市州大修养护工程地方配套资金到位率情况

从图 5-12 可以发现,"十一五"时期,各地受自身财力所限,地方配套资金实际到位率在 60% 左右,省会城市武汉经济实力较好,基本满足实际需要。由于恩施市是国家政策扶持的贫困地区,在"十二五"期间才开始由地方政府配套资金,但资金实际到位率只有 30%。总体来看,大修养护工程地方配套资金到位率在"十二五"时期大大下降,除武汉市的配套资金到位率在 80% 左右之外,其他城市基本在 30% 左右。

第五节 湖北省普通公路养护大中修工程成本分析

一、养护大中修成本分析方法概述

由于养护大中修工程涉及的地区跨度差异大、项目的技术参数多,以单个项目来计算成本代表性不够,且不同项目之间各项数据无对比性和参照性,难以进行横向比较,因此,不能采用选取代表性项目计算平均成本的方法来对养护大中修成本进行分析。为了科学地计算省内养护大中修工程成本,采用年度总投资除以年度大中修项目完成里程的方法来进行计算:

$$C_b = I_b/L_b$$
$$C_m = I_m/L_m$$

式中,C_b——大修单位成本(万元/公里)

C_a——中修单位成本(万元/公里)

I_a,I_b——大修、中修年度总投资(万元)

L_a,L_b——大修、中修年度总里程(公里)

二、大中修工程成本分析

"十一五"以来,养护大中修工程成本采用《湖北省交通年鉴》数据,根据上式中方法计算平均成本,如表 5-2、表 5-3 所示。

表 5-2   "十一五"以来养护大修工程投资成本测算表

	完成量(公里)	总投资(万元)	单价(万元/公里)
"十一五"时期	5424.959	535618.18	99
2006	517.952	31035.74	60
2007	421.107	30544.13	73
2008	859.46	71054.89	83
2009	1282.96	138789.52	108
2010	2343.48	264193.9	113

续表

	完成量（公里）	总投资（万元）	单价（万元/公里）
"十二五"时期	5515.42	1169343.17	212
2011	1550.06	226274.6	146
2012	1336.979	241891.57	181
2013	1129.881	259954	230
2014	1498.5	441223	295

表 5-3　"十一五"以来养护中修工程投资成本测算表

	完成量（公里）	总投资（万元）	单价（万元/公里）
"十一五"时期	4391.332	67779.5	15
2006	876.082	5499.29	6
2007	579.77	5199.95	9
2008	778.91	8921.71	11
2009	509.76	6887.13	14
2010	1946.81	41271.42	21
"十二五"时期	2195.879	128094.27	58
2011	1070.629	49625.1	46
2012	862.55	50962.17	59
2013	73.8	5700	77
2014	188.9	21807	115

由表 5-2 和表 5-3，可以得到以下结论：

（1）根据"十二五"时期养护大中修工程成本的测算，养护大修平均成本约为 212 万元/公里，养护中修平均成本为 58 万元/公里。

（2）从"十一五"到"十二五"期间，随着社会不断发展，公路日交通量大幅增加，加之工、料、机价格的不断上涨，公路养护大中修工程成本处于总体持续上升趋势。其中，养护大修成本"十一五"期间年均上涨幅度为 17.5%，"十二五"期间年均上涨幅度为 27.1%；养护中修成本"十一五"期间年均上涨幅度为 36.4%，"十二五"期间年均上涨幅度为 56.6%。总体来讲，"十二五"期间的上涨幅度要高于"十一五"期间的上涨幅度，养护中修的上涨幅度高于养护大修的上涨幅度。

（3）通过养护大中修成本分析可以发现，部省补助资金对于养护大中修工程实际成本远远不够，地方公路管理部门在完成相应养护大中修工程时，需地方政府大量配套资金才能够完成相应计划，自然造成地方公路管理部门难以完成计划任务。

第六节 湖北省普通公路养护大中修工程投资政策研究小结

一、计划执行情况呈下降趋势，而养护大中修工程需求快速增长，工程成本持续上涨，使得地方面临的资金压力加剧

一是湖北省"十一五"期间，各地区基本完成了养护大中修工程计划，总体计划执行情况良好。"十二五"前四年，大部分地区养护大中修工程按计划执行，部分地区距离"十二五"最终目标有较大差距。

二是湖北省自"十一五"以来，新建普通公路里程数量巨大，由于普通公路性能决定了在将来的一段时期内，大部分新建普通公路将陆续进入大中修期，对大中修养护计划的需求会增加，同时由于车辆保有量和交通量增长的双重作用，对普通公路损毁也持续加剧，同样要求大中修养护计划需求快速增加。

三是养护大中修成本逐年上涨。工、料、机价格的不断上涨，公路建设及养护大中修工程成本的持续上涨，并且"十二五"期间的上涨幅度要高于"十一五"期间的上涨幅度，养护中修的上涨幅度高于养护大修的上涨幅度。

二、地方对于养护大中修工程关注度不够，地方公路管理部门开展工作有难度

一是地方政府的思维惯性，认为公路应该由交通部门主管，加之养护大中修工程一般不计入地方政府的年度考核任务，使得地方政府对其关注度不够，投入的资金有限，造成如今计划执行率下降。

二是养护大修工程相对于养护中修工程对于路面改善效果明显，地方政府会更关注养护大修工程，使得"十二五"期间中修养护工程数量急剧减少。

第六章　湖北省普通公路危桥改造工程投资政策研究

第一节　湖北省普通公路危桥改造工程现行投资政策概述

自"十一五"以来，随着湖北省公路网建设的全面铺开，省公路交通线网逐渐形成，交通行业的工作重心从建设到建养管并重方向转变，作为公路关键节点的桥梁检测与维修加固工作，日渐被省交通主管部门所重视。目前，湖北省在桥梁养护、加固、改造方面的管理办法主要包括：《湖北省公路桥梁养护管理办法（暂行）》（鄂路养〔2010〕244号）、《湖北省公路危桥管理办法（暂行）》（鄂路养〔2010〕249号）、《湖北省公路危桥加固改造实施意见》（鄂交计〔2008〕271号文）、《公路桥涵养护规范》，这些管理办法对危桥的检查与报告、认定与复核、管理、加固改造、降等和废弃桥梁管理、突发事件应急处置、责任追究、技术规范等方面的问题，都作了明确的规定，为现行的危桥加固改造工程项目提供了相关依据。

在普通公路危桥改造的补助政策方面，目前依然延用"十一五"期间制定的补助标准，补助标准十年间没有变化，如表6-1所示。

表6-1 湖北省普通公路危桥改造工程投资补助标准一览表

序号	项目类别	"十一五"时期	"十二五"时期
1	国省干线上危桥改造项目	按工程直接费及设计费进行补助	按工程直接费及设计费进行补助
2	县道中桥和乡道大桥以上危桥加固改造	对拆除重建类项目按概算的50%、加固改造类项目按概算50%且不超过1万元/延米的标准进行补助	对拆除重建类项目按概算的50%、加固改造类项目按概算50%且不超过1万元/延米的标准进行补助
3	乡道中桥危桥改造	拆除重建类项目按0.8万元/延米、加固改造类项目按概算的50%且不超过0.5万元/延米的标准进行补助	拆除重建类项目按0.8万元/延米、加固改造类项目按概算的50%且不超过0.5万元/延米的标准进行补助

在危桥改造投资主体的方面，随着国家公路养护投资体制的改变，目前危桥改造的资金来源相对"十一五"期间更复杂。在危桥改造所需资金上，地方配套资金所占比例提高，投资资金来源牵涉到省、市、县三级财政，相关的协调管理工作量增加。要完成省道公路危桥改造，地方政府的主导作用和地方配套资金的及时足额到位是非常重要的。不过，随着普通公路车流量、车载量的快速增长，危桥管理与改造工作的资金将面临更多的困难。

在危桥改造资金管理方面，2013年省财政厅与省交通运输厅联合印发了《湖北省农村公路安保工程建设省级"以奖代补"资金管理办法》和《湖北省普通公路危桥改造省级补助资金管理暂行办法》，省政府每年安排专项财政资金，作为农村公路安保工程建设和危桥改造"以奖代补"资金；省交通运输厅积极争取交通运输部补助资金；市、县两级政府应出台相应政策，构建以政府筹资为主、部省资金为辅、全社会共同参与的综合筹资模式，建立农村公路安保工程和危桥改造资金账户，保证省级补助资金和地方配套资金同步投入资金账户，确保专款专用。

第二节 湖北省危桥改造需求分析

湖北省危桥形成的原因除桥梁运行使用年限长、材料老化、风化等正常损坏原因外，其他主要成因包括以下几种：

一、桥型的被动选用

建造于20世纪60—70年代的桥梁，因为当时建筑材料缺乏，特别是钢材匮乏，只能选用一些钢材运用少的桥型，比如双曲拱桥（可以不需要钢材）、工字梁与少筋微弯板组合桥型（钢材运用较少，借用前苏联标准，是当时国内修建大桥普遍采用的桥型）等，能满足当时交通需求，但这些桥型有缺陷，整体受力性较差，容易出现垮塌或是梁板断裂。

二、设计标准较低，载重压力大

桥梁易受洪水冲刷，河道变迁，船舶撞击因素影响，特别是设计汽车荷载偏低，桥梁建造当时大多是按汽-13、拖-60标准设计，设计基准期50年，而目前上桥行驶的车辆至少是超标准的2倍以上。根据省公路局提供的2003年至2013年湖北省主要市区日均车流量和车载量数据，整理出日均交通量和日均重载的增加情况图6-1。从图6-1可以看到，湖北省典型市州日均交通量和日均重载的增加量在2倍到8倍之间（其中需要注意的是恩施日均载重2013年与2003年相比增幅最大，已经达到18倍），如果按照这个增长速度，湖北省路桥的承重压力将更大。

三、施工工艺水平较低

建设桥梁时，因路桥技术、施工技术人员较少、施工专业企业和设备较少，施工项目管理水平受限，当时施工大多是靠人工，机械投入很少，施工工艺控制误差大，导致修建质量相对较差。

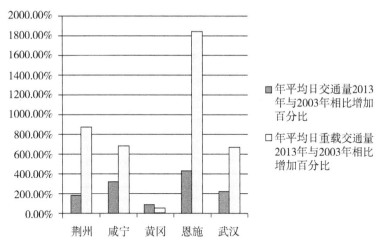

图 6-1 省内典型市州日均交通量和日均载重量增长比率

四、车流量快速增长

当时修建公路桥梁的车流量多按日均 1 千次左右计算，而目前二级公路的通行的日均车流量达到 8 千至 1 万 5 千次，是以前的 10 倍左右，致使桥梁疲劳受力，加速桥梁老化。

五、超载超重车辆上桥行驶，致使桥梁结构受损

通过超限超载治理，重载车上桥明显减少，但重载车冲击引起的疲劳累积损伤加剧桥梁破坏，多次超重车上桥行驶有可能对桥梁造成毁灭性打击，致使桥梁的使用年限大大缩短，达不到预期的使用目标，提前进入到危桥的行列。

第三节　湖北省普通公路危桥改造工程计划执行情况

湖北省地处亚热带季风气候区，降水充沛，河流水源补给充足，河流众多，以长江、汉江为骨干，接纳境内中小河流共 1193

条，在地形结构上，平原、岗地、丘陵、山地四种地形分别占19.87%、13.16%、22.59%和44.38%，造成地区气候差异较大，水资源分配不均。这些地理条件，使湖北省境内的桥梁数量多，桥梁种类多样，桥梁建设和危桥改造情况较为复杂。省内各地市因地理条件所限，所建桥梁难度、成本、技术都各有不同。因此，在危桥改造工程计划执行情况研究方面，同样选取荆州、咸宁、襄阳、黄冈、恩施、武汉等六个典型市州，对普通公路危桥改造工程的总体情况进行对比分析。

从目前的资料来看，湖北省的省道桥龄大多数在20年左右，正是需要加固改造的时期，其中，截至2013年年底，湖北省仅乡村公路在役桥梁中被判断为四、五类危桥的就有8183座，因此危桥改造工作量大、难度高。通过省公路局提供的6个典型市州的危桥改造数据，湖北省普通公路危桥改造工程计划基本执行情况见表6-2所示。

根据表6-2中6个典型市州危桥改造的数据资料，"十一五"以来危桥改造工程完工率如图6-2所示。

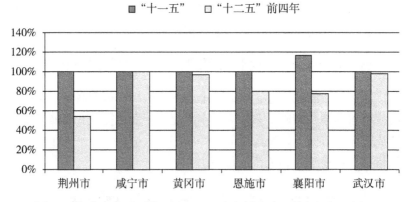

图6-2　湖北省典型区域"十一五"以来危桥改造工程完工率(延米)

从图6-2来看，省内危桥改造总体执行情况较好。"十一五"期间完成情况普遍较好，其中襄阳超额完成计划。"十二五"期间，多数城市均按照计划完成，其中咸宁已经完成危桥改造任务，武汉、

表 6-2 **湖北省典型市州普通公路危桥改造工程计划执行情况汇总表**

项目类别	“十一五”时期						“十二五”前四年					
	计划		完成		完成率(%)		计划		完成		完成率(%)	
	座	延米	座	延米	座	延米	座	延米	座	延米	座	延米
全省五大片区典型市州	384	28199.13	390	29804.55	102%	106%	510	37148.4	459	32085.97	90%	86%
荆州市	29	3312.1	29	3312.1	100%	100%	33	4761.86	29	2613.42	88%	55%
咸宁市	55	3446.08	55	3446.08	100%	100%	98	4602.6	98	4602.6	100%	100%
黄冈市	157	8453.69	157	8453.69	100%	100%	168	12331.5	165	12000.5	98%	97%
恩施州	34	2791.34	33	2779.34	97%	100%	76	3021.95	53	2427.9	70%	80%
襄阳市	96	9928.92	103	11546.34	107%	116%	128	8515	108	6592	84%	77%
武汉市	13	267	13	267	100%	100%	7	3915.49	6	3849.55	86%	98%

黄冈、恩施、襄阳处于计划进度范围之内，预计"十二五"末能够完成危桥改造任务，荆州略有滞后，完成率为55%，预计难以完成全部危桥改造任务。

通过对6个典型区域"十一五"以来危桥改造工程计划与实际执行情况的数据进行统计，如图6-3和图6-4所示。

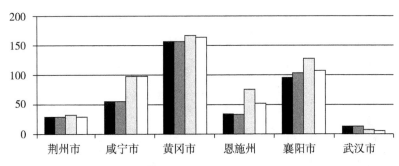

图6-3　湖北省典型市州危桥改造工程计划与实际执行情况（单位：座）

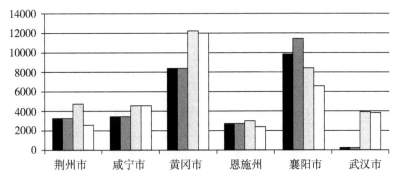

图6-4　湖北省典型市州危桥改造工程计划与实际执行情况（单位：延米）

从图6-3和图6-4可以看出，湖北省"十一五"以来危桥改造的力度在逐年加大，除个别地区外，计划执行总体情况较好。其中很重要的一个原因是危桥严重影响到人民群众的出行安全，使得地方对于危桥改造工程执行情况较好，因此地方上形成了"重改造、轻管理"的局面，提高对危桥管理水平也是地方政府的重要任务。

第四节 湖北省普通公路危桥改造工程投资情况

一、国省道危桥改造部省补助资金到位情况

通过收集 6 个典型市州在国省道危桥改造方面部省补助资金占工程实际所需的费用比例，如图 6-5 所示。

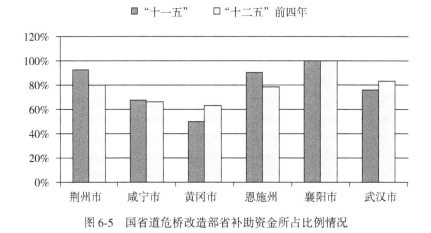

图 6-5 国省道危桥改造部省补助资金所占比例情况

根据图 6-5 可以发现：

（1）部省补助资金在危桥改造项目中所占的比例仍然是比较大的，"十一五"期间，部省补助比例总体达到 78%，"十二五"前四年，部省补助比例总体达到 72%，说明部省补助资金在危桥改造资金来源中占有主体地位。其中，襄阳的部省补助达到 100%，说明襄阳市依靠部省补助资金能够完成全部的危桥改造计划。

（2）总体来讲，部省补助资金比例从"十一五"到"十二五"期

间处于小幅下降的趋势，其中，荆州、咸宁、恩施三地的部省补助资金所占比例在下降，黄冈、武汉两地部省资金所占比例在上升，襄阳一直为100%，未发生变化。主要原因是，目前危桥改造项目中，建安费所占的比例在下降，从而使得部省补助资金占工程总投资的比例呈下降趋势。

二、国省道危桥改造地方配套资金到位情况

对6个典型区域在国省道危桥改造方面地方配套资金计划执行的数据进行收集，如图6-6所示。

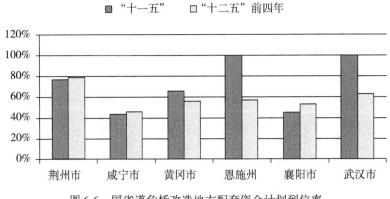

图6-6 国省道危桥改造地方配套资金计划到位率

根据图6-6可以发现：

（1）地方配套资金到位率普遍较低，"十一五"期间，地方配套资金到位率为58%，"十二五"前四年，地方配套资金到位率为53%。其中，仅恩施和武汉在"十一五"期间，地方配套到位率达到100%，其余地区均未实现地方配套率全部到位，而荆州、咸宁和襄阳在地方资金配套到位率上均低于平均水平。

（2）从"十一五"到"十二五"期间，地方配套资金到位率呈普遍下降趋势，除咸宁和襄阳出现小幅上升之外，其余地区均呈下降趋势，其中恩施和武汉下降幅度较大。

第五节 湖北省普通公路危桥改造成本分析

一、普通公路危桥改造成本分析方法概述

公路桥梁是复杂的结构系统,如何来精确地测算桥梁加固改建工程的成本,对整个桥梁工程界来讲都是个难题。从横向上看,桥梁受损和成本的构成比较复杂,如磨损、疲劳、环境因素、交通量大小、碰撞、维护和检测不足、施工和设计缺陷、突发事件、桥梁类型等都是危桥改造成本的构成因素;从纵向上看,在危桥改造工程方面,检测、维护、招投标环节、项目管理、改建工程完成后检测等各个阶段,都可能导致桥梁成本变化。

由于危桥改造成本的影响因素较多,如地理地貌、自然资源、经济发展水平等条件的差异,都使得各地在危桥改造方面的投入成本也各不相同、差异较大,难以精确衡量其平均成本。例如,以荆州为代表的平原地区因为缺少相应建材产业链和石材场等,很多建筑材料需要从外地调运,这增加了相应的成本,导致荆州市每平米的投资成本要高于以咸宁为代表的丘陵地区。对典型区域危桥成本的计算数据如表6-3所示,以此了解湖北省不同区域在危桥改造成本上的巨大差异。

表6-3　"十一五"危桥改造工程投资单价测算表

地区	项目	里程(m)	决算(万)	单价(万/m^2)
荆州市	监利县	44	93	0.3
荆州市	松滋市	232	593.4	0.37
咸宁市	咸安区	27.5	29	0.15
武汉市	江夏区	44.1	44.1	0.14

从表6-3我们可以看出,荆州每平米改造投资造价要明显高于咸宁和武汉,各地区的单价差异性极大。

因此，在危桥改造成本分析上，为了使成本更具横向可比性，采用年度危桥改造总投资除以危桥座数的方式，大体计算每座危桥的平均改造成本。

$$C_d = I_d/N_d$$

式中，C_d——危桥改造单位成本（万元/座）

I_d——危桥改造年度总投资（万元）

N_d——危桥改造年度总座数（座）

二、普通公路危桥改造成本分析

普通公路危桥改造成本单价主要依据"十二五"时期实际危桥改造项目总投资和桥梁数进行测算。"十二五"时期，国省干线危桥改造1385座，计算单价为178万元/座。其中，各地区在危桥维修加固和拆除重建方面的单位成本如表6-4所示。

表6-4 湖北省"十一五"以来典型项目危桥改造工程基本情况表

工程量单位：延米；投资：万元

序号	项目所在地		项目名称	计划年度	维修方案	完成情况			平均每延米投资
	市(州)	县(市、区)				工程量	投资		
							总投资	建安费	
1	荆州市	江陵县	熊河桥	2008	维修加固	20	27	25	1.35
2	荆州市	监利县	荷花池桥危桥改造工程	2010	维修加固	44	93	87	2.11
3	荆州市	松滋市	沙观道大桥	2011	维修加固	232	593.4	496	2.56
4	荆州市	石首市	2012年荆新线高家桥	2012	维修加固	6	34.5	31	5.75
荆州市维修加固合计						302	747.9	639	2.48
5	荆州市	沙市区	观音当桥	2007	拆除重建	6.8	57	52	8.38

续表

序号	项目所在地 市(州)	项目所在地 县(市、区)	项目名称	计划年度	维修方案	完成情况 工程量	完成情况 投资 总投资	完成情况 投资 建安费	平均每延米投资
6	荆州市	公安县	黑狗当大桥	2011—2014	拆除重建	625.74	4686	3829	7.49
7	荆州市	公安县	南平大桥	2012—2014	拆除重建	715.75	4714	4096	6.59
8	荆州市	公安县	汪家汊大桥	2012—2014	拆除重建	765.75	4935	4294	6.44
9	荆州市	荆州区	弥市大桥	2013	拆除重建	420	3406	2572	8.11
	荆州市拆除重建合计					2534.04	17798	14843	7.02
10	咸宁市	咸安区	G107国道李家桥加固	2007	维修加固	18	20	20	1.11
11	咸宁市	咸安区	G107国道董家堰桥加固	2008	维修加固	27.5	29	29	1.05
12	咸宁市	咸安区	S317袁铺桥加固	2014	维修加固	14.5	38	38	2.62
	咸宁市维修加固合计					60	87	87	1.45
13	咸宁市	咸安区	S209咸通线石狮子桥重建	2011	拆除重建	20	106	106	5.3
	咸宁市拆除重建合计					20	106	106	5.3
14	武汉市	江夏区	G107贺站桥	2008	维修加固	44.1	44.1	44.1	
	武汉市维修加固合计					44.1	44.1	44.1	1
15	武汉市	蔡甸区	G318千湖桥	2009	拆除重建	22.2	114.7	114.7	5.17

续表

序号	项目所在地		项目名称	计划年度	维修方案	完成情况			平均每延米投资
	市(州)	县(市、区)				工程量	投资		
							总投资	建安费	
16	武汉市	蔡甸区	省道十永线（S104）马家渡桥	2011	拆除重建	13.5	127.1	127.1	9.41
武汉市拆除重建合计						35.7	241.8	241.8	6.77

从表6-4可以看出，从改造类型来看，危桥的维修加固成本远远低于拆除重建成本。从区域差别上来看，荆州的单位成本高于武汉和咸宁，地区成本差异明显。

第六节　普通公路危桥改造工程投资政策研究小结

一、湖北省桥梁种类多，危桥成因情况复杂，地方监管亟待加强

湖北省降水充沛，河流众多，境内桥梁数量多，桥梁种类多样，桥梁建设和危桥改造情况较为复杂。湖北省危桥的主要成因除桥梁运行使用年限长、材料老化、风化等正常损坏原因外，还包括：早期受经济、技术条件的限制，桥型的被动选用；设计标准较低，载重压力大；施工工艺水平较低；车流量和超载超重车辆的快速增长致使桥梁加速老化，结构受损。近十年来，湖北省车辆数和车辆载重量的增长速度，高于道路建设增长速度，车辆超载情况普遍存在，私家车的增长速度加快，同时私家车还有速度快、变动性大、节假日效应等新的特点，而地方政府疏于监管，待桥梁出现危险情况后进行改造，使得一些桥梁质量较好，但由于管理不善而形成了危桥。这些因素都将导致湖北省在危桥改造和维修加固方面，面临着较大压力。

二、湖北省危桥改造工程进度情况整体正常

湖北省危桥改造工程和质量控制等方面整体情况正常,虽然存在个别地市因危桥改造数量多和地方财政压力较大而使进度滞后的情况,但是总体进度执行情况较好。桥梁检测、诊断、承载力评定、主动加固技术以及补强材料方面也掌握了较为成熟的技术,已经具有了技术保障。

三、危桥改造资金到位情况较好

虽然受区域环境限制、经济发展状况等影响,各地的危桥改造成本有较大差异,但由于危桥改造涉及群众的生命安全,各地执行情况较好。其中,部省补助资金比例从"十一五"到"十二五"期间虽然处于小幅下降的趋势,但其在危桥改造资金来源中仍占有主体地位。同时,地方配套资金到位率普遍较低,但由于危桥改造目前仍以部省补助资金为主,因此总体执行情况较好,在危桥改造中可继续执行现有政策,并考虑相应物价上涨等因素,使危桥改造安全有效推进。

第七章　湖北省普通公路小修保养投资政策研究

第一节　普通公路小修保养工程现行投资政策概述

2009年以前，普通公路小修保养资金来源为养路费，由各级公路部门"一条边"管理，省按列养公路里程切块下达各地市州，然后由各地市州下达至各县市区。2008年12月9日，国家燃油税费改革方案出台。2009年1月1日，取消了公路养路费、航道养护费、公路运输管理费、公路客货运附加费、水路运输管理费、水运客货运附加费等六项收费，原有用于普通公路建设养护的规费资金不复存在。从2010年开始，普通公路小修保养资金来源调整为燃油税，由交通公路部门编制部门预算报省财政厅，省级财政直接拨付至各县市区财政。

从十五初期至2011年近十年期间，全省小修保养经费未作调整，2012年，省局按照国省干线3万元/公里·年，列养县乡公路1.6万元/公里·年进行重新测算，一直沿用至今。该方案未考虑普通公路路面宽度、路面类型、行政等级、交通量等因素，且未包含养护管理人员经费，未考虑物价上涨等因素。

2012年11月2日，省人民政府发布了《湖北省省道网规划纲要（2011—2030年）》，全省国省道干线公路总里程由13987公里增长为28208公里。而现有普通公路小修保养资金未包含新增国省道公路里程。因此，按照规划国省干线里程，考虑人工、材料、机械设备等物价上涨因素，重新测算普通公路小修保养经费显得十分必要。

第二节 普通公路小修保养内容

随着经济的快速发展，公路的小修保养工程也会逐步地推行市场化，需要加强市场化管理。因此，公路小修保养工程推行市场化是市场经济的一个亮点，普通公路养护小修保养内容明细如表 7-1 所示。

表 7-1　　　　普通公路养护小修保养内容明细

路基	保养：1. 整理载路肩、边坡，修剪路肩、分隔带草木、清除杂物，保持路容整洁；2. 疏通边沟，保持排水系统畅通；3. 清除挡土墙、护栏滋生的有碍设施功能发挥的杂草，修理伸缩缝，疏通泄水孔及清除松动石块；4. 路缘带的修理 小修：1. 小段开挖边沟、截水沟或分期铺砌边沟；2. 清除零星塌方，填补路基缺口，轻微沉陷翻浆的处理；3. 桥头接线或桥头、涵顶跳车的处理；4. 修理挡土墙、护坡、护坡道、泄水槽、护栏和防冰雪设施等局部损坏；5. 局部加固路肩
路面	保养：1. 清除路面泥土、杂物，保持路面整洁；2. 排除路面积水、积雪、积冰、积沙，铺防滑料、灭尘剂或压实积雪维持交通；3. 砂土路面刮平，修理车辙；4. 碎砾石路面匀、扫面砂，洒水润湿，刮平波浪，修补磨耗层；5. 处理沥青路面的泛油、拥包、裂缝、松散等病害；6. 水泥混凝土路面日常清缝、灌缝及堵塞裂缝；7. 路缘石的修理和刷白 小修：1. 局部处理砂石路面的翻浆变形，添加稳定剂；2. 碎砾石路面修补坑槽、沉降，整段修理磨耗层或扫浆铺砂；3. 桥头、涵顶跳车的处理；4. 沥青路面修补坑槽、沉陷，处理波浪、局部龟裂，啃边等病害；5. 水泥混凝土路面板块的局部修理
桥梁涵洞隧道	保养：1. 清除污泥、积雪、积冰、杂物，保持桥面清洁；2. 疏通涵管，疏导桥下河槽；3. 伸缩缝养护，泄水孔疏通，钢支座加润滑油，栏杆油漆；4. 桥涵的日常养护；5. 保持隧道内及洞口清洁 小修：1. 局部修理、更换桥栏杆和修理泄水孔、伸缩缝、支座和桥面的局部轻微损坏；2. 修补墩、台及河床铺底和防护圬工的微小损坏；3. 涵洞进出口铺砌的加固修理；4. 通道的局部维修和疏通修理排水沟；5. 清除隧道洞口碎落岩石和修理圬工接缝，处理渗水漏水

续表

交通工程及沿线设施	保养：标志牌、里程碑、百米桩、界碑、轮廓标等埋置、维护或定期清洗 小修：1. 护栏、隔离栅、轮廓标、标志牌、里程碑、百米桩、防雪栏栅等修理、油漆或部分添置更换；2. 路面标线的局部补画
绿化	保养：1. 行道树、花草的抚育、抹芽、修剪、治虫、施肥；2. 苗圃内幼苗的抚育、灭虫、施肥、除草 小修：1. 行道树、花草缺株的补植；2. 行道树冬季刷白

第三节　湖北省普通干线公路小修保养需求分析

普通干线公路小修保养一般以保持路况良好为目标，以养护质量为中心，根据预防为主、防治结合的原则，以预防性养护理念为指导，通过对列养公路及其沿线设施进行预防性保养和轻微损坏修补作业，加强日常维护保养，提高公路的服务水平和综合抗灾能力。

在普通干线公路小修保养计划执行研究上，同样选取荆州、咸宁、襄阳、黄冈、恩施、武汉等六个典型市州，对普通公路小修保养的总体情况进行对比分析。通过对六个典型市州"十一五"以来小修保养数据进行收集，如图 7-1、图 7-2 和图 7-3 所示。

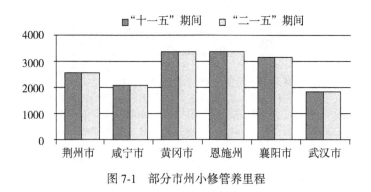

图 7-1　部分市州小修管养里程

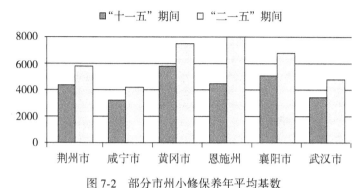

图 7-2　部分市州小修保养年平均基数

注：年平均基数即 5 年小修保养总金额的平均数

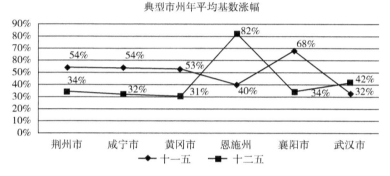

图 7-3　部分市州小修保养年平均基数涨幅

根据图 7-1、图 7-2 和图 7-3，可以发现：

（1）在管养里程上，6 个典型市州在两个五年期的时间里变化不大，基本持平。

（2）各市州的小修年平均基数随着时间的推移逐渐增加，总体来讲，"十一五"期间小修保养年平均基数的增幅高于"十二五"时期，"十二五"期间除恩施增幅较大之外，其余市州增幅平稳。

第四节　湖北省普通公路小修保养成本分析

对省内典型样本线路的小修保养成本数据进行调查收集，如表 7-2 所示。

表 7-2 "十二五"典型市（州）国省干线小修保养成本调查表

项目所在地市(州)	线路名称	线路编号	技术等级	计划年度	里程（公里）	总支出（万元）	机械合班占总投资比(%)	材料支出占总投资比(%)	人工支出占总投资比(%)	平均支出(万元/每年每公里)	管养人数(人)	其中：人员平均支出(万元/每年每公里)	备注
黄冈市	沪聂线	G318	二级	2013	61.069	438	11%	57%	32%	7.17	15	2.33	最近大修时间：2009年，2010年
黄冈市	阳福线	S109	二级	2013	67.526	478	15%	63%	22%	7.08	27	1.57	最近大修时间：2008年，2010年
黄冈市	黄标线	S308	二级	2013	36.083	296	10%	74%	15%	8.20	8	1.25	最近大修时间：水泥路2005年、沥青路2010年
黄冈市总体测算				2013	164.678	1212	12%	64%	24%	7.36	50	1.78	
襄阳市	316国道	G316	二级	2013	60.273	450.00	12%	58%	30%	7.47	31	2.24	最近大修时间：2010年
襄阳市	桐枣线	S335	二级	2013	55.337	349.00	11%	60%	29%	6.31	31	1.84	最近大修时间：2010年
襄阳市	寺沙线	S216	二级	2013	71.431	469.00	12%	58%	31%	6.57	31	2.02	最近大修时间：2010年

续表

项目所在地市(州)	线路名称	线路编号	技术等级	计划年度	里程(公里)	总支出(万元)	机械台班占总投资比(%)	材料支出占总投资比(%)	人工支出占总投资比(%)	平均支出(万元/每年每公里)	管养人数(人)	其中:人员平均支出(万元/每年每公里)	备注
襄阳市总体测算					187.041	1268.00	12%	58%	30%	6.78	93	2.04	
咸宁市	京深线	G107	一级、二级	2014	38.763	431	12%	51%	37%	11.12	32	4.15	一级路11.855公里,路面宽15米;二级路26.9公里,路面宽12米
咸宁市	横路线	S208	一级、二级	2014	35.048	287	10%	44%	45%	8.19	25	3.71	一级路11.239公里,路面平均宽18米;二级路23.809公里,路面宽9米
咸宁市	咸通线	S209	二级	2014	10.368	69.08	12%	35%	53%	6.66	7	3.51	路面宽9米
咸宁市总体测算					84.179	787.08	11%	47%	42%	9.35	64	3.89	
恩施州	利智线	S248	二级	2014	84.893	420	10%	71%	19%	4.95	24	0.94	
恩施州	呼北线	G209	二级	2011	95.038	582	12%	55%	33%	6.12	23	2.00	

续表

项目所在地市(州)	线路名称	线路编号	技术等级	计划年度	里程(公里)	总支出(万元)	支出情况			平均支出(万元/每年每公里)	管养人数(人)	其中:人员平均支出(万元/每年每公里)	备注
							机械台班占总投资比(%)	材料支出占总投资比(%)	人工支出占总投资比(%)				
恩施州	巴巫线	S327	二级	2011	55.407	338	12%	56%	33%	6.10	14	1.99	
恩施州	利智线	S248	二级	2013	50.5	262	12%	56%	32%	5.19	11	1.66	
恩施州	利奉线	S249	二级	2013	49.5	270	12%	57%	31%	5.45	10	1.70	
恩施州总体测算					335.338	1872	11%	59%	29%	5.58	82	1.63	
武汉市	沪夏线	G318	二级	2014年	27.811	445.63	12%	55%	33%	16.02	40	5.29	局部路段最近大修时间:2011年、2013年
武汉市	蔡城线	S105	一级	2014年	5.6	144.63	12%	48%	40%	25.83	5	10.33	最近大修时间:2011年
武汉市	蔡城线	S105	二级	2014年	11.861	94.13	11%	52%	37%	7.94	20	2.94	最近大修时间:2005年

续表

项目所在地市(州)	线路名称	线路编号	技术等级	计划年度	里程(公里)	总支出(万元)	支出情况			平均支出(万元/每年每公里)	管养人数(人)	其中：人员平均支出(万元/每年每公里)	备注
							机械台班占总投资比(%)	材料支出占总投资比(%)	人工支出占总投资比(%)				
武汉市总体测算					45.272	684.39	12%	53%	35%	15.12	65	5.30	
荆州市	沙渔线	S322	二级	2011	14.889	126	17%	60%	24%	8.46	8	2.01	
荆州市	锡海线	G207	二级	2011	17.342	158	19%	63%	18%	9.11	9	1.61	
荆州市	汉沙线	S103	二级	2014	8.1	76.76	10%	58%	32%	9.48	5	3.02	最近大修时间：2010年
荆州市	潜监线	S247	二级	2014	15.574	111	21%	56%	23%	7.13	7	1.67	最近大修时间：2009年
荆州市	锡海线	207	二级	2013	81.72	624	17%	65%	17%	7.64	30	1.32	最近大修时间：2001年，2002年
荆州市总体测算					137.625	1095.76	17%	63%	20%	7.96	59	1.57	

获取各典型市州 2010—2013 年小修保养的列养里程，取其平均值，并分别计算各典型市州列养里程占总里程的比重，作为小修保养平均成本的权重，用于后续计算（见表 7-3）。

表 7-3　典型市州 2010—2013 年小修保养列养里程表及权重

市州名称	市州列养里程（公里）					权重（%）
	2010	2011	2012	2013	平均值	
1. 荆州市	2456.711	2446.902	2476.135	2476.135	2463.97	15.69
2. 恩施州	3317.075	3311.089	3302.659	3297.472	3307.07	21.06
3. 武汉市	1725.893	1701.273	1701.273	1701.273	1707.43	10.87
4. 咸宁市	1957.746	1957.746	1957.746	1956.182	1957.36	12.47
5. 襄阳市	3020.56	3020.56	3020.56	3018.157	3019.96	19.23
6. 黄冈市	3249.779	3244.441	3244.441	3244.441	3245.78	20.67
合计	15727.764	15682.011	15702.814	15693.66	15701.56	100.00

根据表 7-1 中各典型市州小修保养的成本测算和表 7-2 中各典型市州列养里程所占权重，对湖北省小修保养平均成本进行测算，如表 7-4 所示。

表 7-4　　湖北省小修保养平均成本测算

市(州)名称	总支出（万元）	机械台班占总投资比(%)	材料支出占总投资比(%)	人工支出占总投资比(%)	平均成本（万元/每年每公里）	其中：人员平均支出（万元/每年每公里）	权重(%)
1. 荆州市	1095.76	17%	63%	20%	7.96	1.57	15.69
2. 恩施州	1872	11%	59%	29%	5.58	1.63	21.06
3. 武汉市	684.39	12%	53%	35%	15.12	5.3	10.87
4. 咸宁市	787.08	11%	47%	42%	9.35	3.89	12.47

续表

市(州)名称	总支出(万元)	机械台班占总投资比(%)	材料支出占总投资比(%)	人工支出占总投资比(%)	平均成本(万元/每年每公里)	其中:人员平均支出(万元/每年每公里)	权重(%)
5. 襄阳市	1268	12%	58%	30%	6.78	2.04	19.23
6. 黄冈市	1212	12%	64%	24%	7.36	1.78	20.67
平均成本		12%	58%	30%	8.06	2.4	100

根据表 7-1 和表 7-3 中的计算结果，"十二五"期间，各典型市州样本项目的小修保养中，工、料、机在总投资中所占的比重如图 7-4 所示。

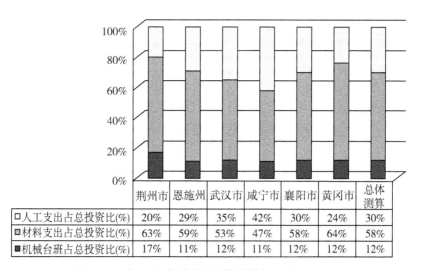

图 7-4 "十二五"部分市州小修保养工、料、机比重

根据图 7-4 可以看出，总体来讲，小修保养中机械台班所占比重最少，总体约占总投资的 12%，人工和材料支出所占的比重较大，其中，人工支出总体占比约为 30%，材料支出总体占比约为

58%。因此，在小修保养项目成本中，人员经费占比不容忽视，已经成为小修保养成本的重要组成部分。

小修保养的年平均总支出及其人员费用的年平均支出如图7-5所示。

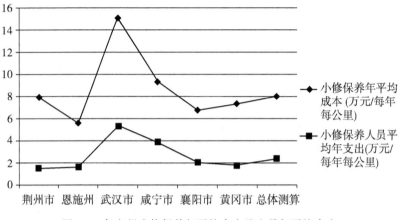

图7-5 各市州小修保养年平均支出及人员年平均支出

根据图7-5可以看出，各典型市州的小修保养年平均成本及人员年平均支出大体相当，其中，武汉市、咸宁市明显高于其他城市，恩施略低于其他城市。小修保养年平均成本总体测算在8.06万元/（年·公里），人员年平均支出总体测算在2.4万元/（年·公里）。

第五节　湖北省普通公路小修保养投资政策小结

目前，省局按照国省干线3万元/（年·公里），列养县乡公路1.6万元/（年·公里）进行小修保养补助，但该方案未包含养护管理人员经费，未考虑物价上涨等因素。根据典型市州的样本项目测算，小修保养中机械台班所占比重最少，总体约占总投资的12%，人工和材料支出所占的比重较大，其中，人工支出总体占比约为30%，材料支出总体占比约为58%。而根据实际小修保养平均成本测算，国省干线小修保养年平均支出总体测算在 8.06 万元/(年·公里)，人员年平均支出总体测算在 2.4 万元/(年·公里)。

因此，在小修保养项目成本中，人员经费占比不容忽视，已经成为小修保养成本的重要组成部分。在小修保养投资政策中，应充分考虑人员支出占比，在现有基础上提高小修保养补助比例，或可以考虑将人员经费单列在小修保养之外，并充分考虑物价上涨等因素，满足小修保养的总体需求，保证道路安全行驶条件。

第八章　湖北省"十三五"普通公路建养供需资金预测

第一节　湖北省"十三五"用于普通公路建养资金预测思路

我国长期以来普通公路投融资很大程度上依赖政府，各种融资渠道发展时间较短。"十一五"以来，我国公路建设的资金主要来源于车辆购置税交通专项资金、国债专项资金、地方自筹(公路养路费、公路货运附加费、公路客运附加费)、借款(国内借款、国际金融组织借款)、其他资金(企事业单位自筹、企业债券、有偿转让收费公路收费权收入)等。从湖北省来看，湖北省普通公路建养资金来源主要由车购税、燃油税、高速公路调标费及地方债券构成。据此，本研究根据近期普通公路建养国家政策、相关会议精神，结合湖北省实际，在对湖北省普通公路建养投入资金定性分析的基础之上，运用指数平滑法、线性回归等定量方法，分别从车购税、燃油税、高速公路调标费及地方债券四个单方面预测湖北省"十三五"普通公路建养资金投入，然后综合四方面的预测结果，最后提出湖北省"十三五"普通公路建养资金投入的三套可行性方案。

一、湖北省"十三五"用于普通公路的车购税资金预测

"十三五"普通公路建养车购税投入的理论预测按照以下步骤计算：首先，根据"十二五"车购税投入初步计算"十三五"车购税

投入；然后，找出影响车购税收入的关键因素，推算出关键因素的"十三五"数据；最后，运用回归分析法，以关键因素修正车购税投入，从而预测"十三五"车购税投入。

步骤一：初步计算"十三五"车购税投入。

"十二五"期间，湖北省车购税用于普通公路投入的数据如图 8-1 所示。从"十二五"车购税用于普通公路投资来看，车购税用于普通公路投入呈现出具有以年为周期的变动性、连续性、较明显的线性上升特征时，适用于二次指数平滑法建立趋势预测模型预测。据此，本研究运用该方法预测湖北省车购税用于普通公路建设与养护资金。

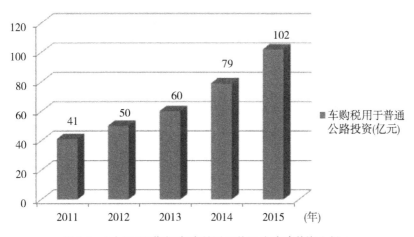

图 8-1 "十二五"期间车购税用于普通公路建养资金投入

运用指数平滑的公式：

$$y_t^{(1)} = \alpha y_t + (1-\alpha) y_{t-1}^{(1)}$$
$$y_t^{(2)} = \alpha y_t^{(1)} + (1-\alpha) y_{t-1}^{(2)}$$

式中：y_t 为第 t 时期的实测值，$y_t^{(1)}$ 为第 t 时期的一次指数平滑值，$y_t^{(2)}$ 为第 t 时期的二次指数平滑值，α 为加权系数，建立的趋势直线的数学模型如下：

$$y_{t+T}^{\wedge} = a_t + b_t T$$

式中，t 为时序号，T 是要预测的时期与 t 时期相差的时期数，$y_{t+T}^{\wedge}$ 是第 $t+T$ 期的预测值。

$$a_t = 2y_t^{(1)} - y_t^{(2)}$$
$$b_t = \alpha(y_t^{(1)} - y_t^{(2)})/(1-\alpha)$$

根据上述理论，利用 Excel 2007 的指数平滑工具进行计算，得到湖北省普通公路建设与养护的省部"十三五"投资预测，如表 8-1 所示：

表 8-1　　　湖北省车购税用于普通公路投资预测

年份	2011	2012	2013	2014	2015	2016	2017	2018	2019	2020	"十三五"合计
车购税（亿元）	41	50	60	79	102	98	103	108	113	118	540

步骤二：影响车购税收入的关键因素"十三五"数据。

车购税是对在境内购置规定车辆的单位和个人征收的一种税，它由车辆购置附加费演变而来。车购税总量直接受汽车保有量增量的影响。因此，在预测车购税用于普通公路投资时，应考虑汽车保有量增量，以此作为影响车购税用于普通公路投资预测的关键因素。

根据《国家统计年鉴》和中国汽车工业协会网站相关信息，得到汽车保有量，如表 8-2 所示：

表 8-2　　　　　　我国汽车保有量

年份	2010	2011	2012	2013	2014	2015	2016	2017	2018	2019	2020
汽车保有量（万辆）	7802	9356	12089	13741	15447	17450	19480	21435	23390	25344	27299

设汽车保有量为 y_1^n，汽车保有量增量为 x_1^n，则

$$x_1^n = y_1^n - y_1^{n-1} \tag{8.1}$$

其中，n 为年份。

根据表 8-3 我国汽车保有量和公式（8.1），得到汽车保有量，如表 8-3 所示：

表 8-3　　　　　我国汽车保有量增量

年份	2010	2011	2012	2013	2014	2015	2016	2017	2018	2019	2020
汽车保有量增量（万辆）	1554	2733	1652	1706	2003	2030	1955	1955	1955	1955	1554

步骤三："十三五"车购税投入预测。

由于车购税总量直接受汽车保有量增量的影响，根据车购税和汽车保有量的历史数据建立一个一元线性方程：

$$C = a + \lambda_1 x_1 + \mu \quad (8.2)$$

式中，C 车购税用普通公路的投资，λ_1 为车 a 为常数，x_1 为汽车保有量增量，μ 为误差项。

运用 Excel 2007 的"回归"功能，求解方程（8.2），得到修正输出结果，如表 8-4 所示：

表 8-4　　"十三五"时期湖北省车购税用于普通
公路投资的修正输出结果

年份	2016	2017	2018	2019	2020	"十三五"合计
车购税（亿元）	72.84353	72.4275	72.4275	72.4275	72.4275	363

由此得到，受汽车保有量增量影响，"十三五"期间的车购税用于普通公路的投资为 363 亿元。

二、湖北省"十三五"用于普通公路的燃油税资金预测

将湖北省"十三五"普通公路燃油税资金分成由燃油税基数和

燃油税增量两部分，分别估计"十三五"燃油税基数和燃油税增量资金投入，以预测燃油税资金投入。

假设"十三五"普通公路燃油税资金为 F，燃油税基数 K，"十三五"燃油税增量为 I，则

$$F = K + I$$

（一）燃油税基数

湖北省燃油税基数每年 40.15 亿元，由此推算未来"十三五"燃油税资金投入约为 201 亿元。即

$$K = 40.15 \times 5 \approx 201（亿元）$$

（二）燃油税增量

"十二五"期间，湖北省燃油税用于普通公路投入的数据如图 8-2 所示。从 2011 年到 2015 年燃油税变化趋势来看，湖北省燃油税用于普通公路投资逐年递增，呈明显线性上升趋势。但是，燃油税用于普通公路投资从 2012 年的 27 亿元突增到 2013 年的 71 亿元，再到 2014 年 77 亿元和 2015 年 83 亿元来看，燃油税用于普通公路投资在 2012 年后发生了巨大变化，且之后又维持相对稳定增长。同时，根据《关于实施成品油价格和税费改革的通知》，我国从 2009 年起至 2012 年年底前，东、中部地区逐步有序取消政府还贷二级公路收费，全国政府还贷二级收费公路里程和收费站点总量减少约 60%。湖北作为第二批取消政府还贷二级公路收费的省份，在 2009 年 4 月内停止政府还贷二级公路收费。湖北普通公路的发展由燃油税收入中每年安排 260 亿元专项资金中支持。由此可见，2009—2012 年是燃油税用于普通公路投资改革的过渡期，而 2013 年之后是国家政策稳定后的投资情况。因此，"十三五"湖北省燃油税增量估计应参考 2013 至 2015 年数据。同时，根据《国家统计年鉴》和中国汽车工业协会网站相关信息，预计未来五年我国汽车保有量仍将增长。此外，考虑省政府对燃油税专项投入范围和投入额度有逐年扩大趋势。初步推测，湖北省"十三五"用于普通公路建养的燃油税增量资金年均增长率为 5%。

假设"十三五"投入普通公路建养的燃油税增量资金为 I，"十三五"用于普通公路建养的燃油税增量资金年均增长率为 t，"十二

五"期间燃油税年投入普通公路建养资金为 m_i（其中 $i=11$，12，13，14，15，表示年份），则

$$I = \sum_{j=5}^{9} m_{1j}(1+t) - \sum_{j=1}^{5} m_{1j} \approx 189(亿元)$$

即湖北省"十三五"投入普通公路建养的燃油税增量为 189 亿元。

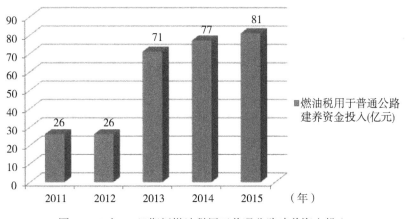

图 8-2 "十二五"期间燃油税用于普通公路建养资金投入

综合(1)和(2)，未来"十三五"燃油税资金投入为 390 亿元。

三、湖北省"十三五"用于普通公路的高速公路调标费预测

"十三五"期间湖北省高速公路调标费用于普通公路建设与养护的资金预测，应考虑高速调标费年均增长率，并参考"十二五"湖北省高速公路通行费调标费。就"十三五"高速调标费年均增长率预估而言，一方面，"十二五"期间，湖北省高速公路通行费调标收入年增长 10%；另一方面，"十三五"期间湖北省高速公路路网基本成型，且新建成高速公路里程比较有限。综合来看，高速调标费年均增长率为 8%。另外，"十二五"湖北省高速公路通行费调标费为 54 亿。

假设"十三五"投入普通公路建养的高速调标费资金为 S，"十三五"用于普通公路建养的高速调标费年均增长率为 p，"十二五"投入普通公路建养的高速调标费资金为 N，"十二五"期间投入普通公路建养的年高速调标费资金为 n_i（其中 $i=11$，12，13，14，15，表示年份），则

$$S = \sum_{j=5}^{9} n_{1j} \cdot (1+p) - \sum_{j=1}^{5} n_{1j} \approx 76(亿元)$$

即，"十三五"期间湖北省高速公路调标费用于普通公路建设与养护的资金为 76 亿。

四、湖北省"十三五"用于普通公路的地方债券资金预测

地方债券作为湖北省普通公路建养的融资渠道是近几年才出现的。2011 年，发展改革委、财政部、交通运输部联合发布《关于进一步完善投融资政策促进普通公路持续健康发展的若干意见（国办发〔2011〕22 号）》，指出"在规范政府性债务管理和风险可控的条件下，在现行中央代理发行地方政府债券制度框架内，考虑普通公路建设发展需求因素，适当扩大发行债券规模，由地方政府安排用于普通公路发展"。从 2013 年起，中央代理发行地方政府债券且用于普通公路建设的债券资金，规模为每年 40 亿元。"十二五"期间，湖北省普通公路建设的债券资金投入为 120 亿元。

显然，地方债券是普通公路建设发展的有益补充，而不是绝对存在。当普通公路建设与养护的资金充足时，政府会考虑不发行或少发行债券。地方债券只是湖北省普通公路建养投入的调节变量。

因此，令地方债券用于普通公路建设与养护的资金为 B，则存在以下三种情况：

情况 1 "十三五"湖北省普通公路建设与养护的资金完成充足，不考虑发行债券。但由于"十二五"中央代理发行地方政府债券且用于普通公路建设的债券资金规模 120 亿元，且没有还贷。因此，若十三五期间不继续发行债券，则"十三五"期间湖北省普通公路建设的债券资金实际投入为 -120 亿元，用以还贷"十二五"地

方债券。

$B = -$"十二五"地方债券资金(120亿元) = $-$120亿元

情况2 "十三五"湖北省普通公路建设与养护的资金有缺口，考虑发行债券，发行量与"十二五"规模相当。参考"十二五"中央代理发行地方政府债券且用于普通公路建设的债券资金规模120亿元，则"十三五"期间每年发行的债券资金用于普通公路建设与养护的债券资金规模相当，应不低于120亿元。同时，考虑"十二五"中央代理发行地方政府债券且用于普通公路建设的债券资金规模120亿元，且没有还贷。因此，"十三五"期间湖北省普通公路建设的债券资金实际投入为$-$120亿元。

$B = -$"十二五"地方债券资金(120亿元)
$+$"十三五"地方债券资金(120亿元) = 0亿元

情况3 "十三五"湖北省车购税、燃油税以及高速公路调标费用于普通公路建设与养护的资金有较大缺口，年发行量与"十二五"年发行量相当。参考"十二五"，2013年起，中央代理发行地方政府债券且用于普通公路建设的债券资金规模每年40亿元。"十三五"按照"十二五"年发行的债券资金40亿元计算，则"十三五"将发行地方债券200亿元。同时，考虑"十二五"中央代理发行地方政府债券且用于普通公路建设的债券资金规模120亿元，且没有还贷。因此，"十三五"期间湖北省普通公路建设的债券资金实际投入为80亿元。

$B = -$"十二五"地方债券资金(120亿元)$+$"十三五"地方债券资金(40亿$\times$5) = 80亿元

五、湖北省"十三五"普通公路建养投入资金综合预测

根据上述分析，"十三五"湖北省用于普通公路的车购税投入为363亿元；燃油税投入为390亿元；高速公路调标费为76亿元；由地方政府主导，用于"十三五"普通公路融资的地方债券，资金实际投入可能为$-$120亿元、0亿元和80亿元。由此，湖北省"十三五"期间投入普通公路建养的资金方案可能有三种，如表8-5所示。

表 8-5　湖北省用于普通公路的资金投入(亿元)

方案	车购税投入(亿元)	燃油税投入(亿元)	高速公路调标费(亿元)	债券(亿元)	合计(亿元)
低方案	363	390	76	−120	709
中方案	363	390	76	0	829
高方案	363	390	76	80	909

第二节　湖北省"十三五"普通公路建养需求资金测算

一、湖北省"十三五"普通公路建养需求资金测算方法

湖北省"十三五"普通公路建设与养护资金需求(TI_{ij})主要由公路建设经费(BI_{ij})、养护工程经费(PI_{ij})、行业管理经费(MI_{ij})三个部分组成。即：

$$TI_{ij} = BI_{ij} + PI_{ij} + MI_{ij} \qquad (1)$$

公路建设经费包括国省干线一、二级公路建设费用和农村公路(一、二级公路、县乡等级公路、村级公路和农村公路桥梁)建设费用。即：

$$BI_{ij} = \sum_{j=1}^{n} BI_{ij} \qquad (2)$$

养护工程经费主要包含国省干线大中修、预防性养护、国省道路网改造工程(国省道危桥改造、国省道地灾治理、国省道安保工程)、农村公路养护工程和农村公路危桥改造等项目工程费用。即：

$$PI_{ij} = \sum_{j=1}^{n} PI_{ij} \qquad (3)$$

行业管理经费包括行业相关机构(部门)自身的运行费用和小修保养费用(小修保养费用目前含小修保养中的人员费用)。即：

$$MI_{ij} = \sum_{j=1}^{n} MI_{ij} \qquad (4)$$

由上述（1）、（2）、（3）得到

$$\sum_{j=1}^{n} TI_{ij} = \sum_{j=1}^{n} BI_{ij} + \sum_{j=1}^{n} PI_{ij} + \sum_{j=1}^{n} MI_{ij} \qquad (5)$$

湖北省"十三五"普通公路建养资金类型具体情况如表 8-6 所示。

表 8-6　湖北省"十三五"普通公路建养需求资金类型

序号	项目类型		代码
一	公路建设		BI_{ij}
1	国省干线	一级	BI_{11}
2		二级	BI_{12}
3	农村公路	一级	BI_{13}
4		二级	BI_{14}
5		县乡等级公路	BI_{15}
6		村级公路	BI_{16}
7		农村公路桥梁	BI_{17}
二	养护工程		PI_{ij}
1	大修工程		PI_{21}
2	中修工程		PI_{22}
3	预防性养护		PI_{23}
4	国省干线危桥改造工程		PI_{24}
5	国省干线安保工程		PI_{25}
6	国省干线地灾治理		PI_{26}

续表

序号	项目类型		代码
7	农村公路养护工程	县道	PI_{27}
8		乡道	PI_{28}
9		专用公路	PI_{29}
10		村道	PI_{210}
11	农村公路危桥改造		PI_{211}
三	行业管理		MI_{ij}
1	行业管理费用		MI_{31}
2	养护小修(含人员费用)		MI_{32}

二、湖北省"十三五"普通公路建养目标任务

根据《湖北省公路发展"十三五"规划》文本，湖北省"十三五"普通公路建设与养护的总体目标任务如表8-7所示。

表8-7　湖北省普通公路建设与养护总体目标任务

序号	项目类型		代码	单位	里程
一	公路建设		BI_{ij}		
1	国省干线	一级	BI_{11}	公里	1792
2		二级	BI_{12}	公里	4099
3	农村公路	一级	BI_{13}	公里	422
4		二级	BI_{14}	公里	892
5		县乡等级公路	BI_{15}	公里	5000
6		村级公路	BI_{16}	公里	50000
7		农村公路桥梁	BI_{17}	延米	50000
二	养护工程		PI_{ij}		
1	大修工程		PI_{21}	公里	5642

续表

序号	项目类型		代码	单位	里程
2	中修工程		PI_{22}	公里	11283
3	预防性养护		PI_{23}	公里	7000
4	国省干线危桥改造工程		PI_{24}	座	1385
5	国省干线安保工程		PI_{25}		/
6	国省干线地灾治理		PI_{26}	公里	1000
7	农村公路养护工程	县道	PI_{27}	公里	100780
8		乡道	PI_{28}	公里	311950
9		专用公路	PI_{29}	公里	3865
10		村道	PI_{210}	公里	556485
11	农村公路危桥改造		PI_{211}	座	1787
三	行业管理		MI_{ij}		
1	行业管理费用		MI_{31}		/
2	养护小修（含人员经费）		MI_{32}	公里	28208

资料来源：《湖北省公路发展"十三五"规划》文本。

三、湖北省"十三五"普通公路建养项目成本

（一）普通公路建养项目部分成本测算

1. 农村公路新建桥梁

新建农村公路桥梁依据"十二五"时期投资政策，部省补助标准按1.5万元/延米进行。

2. 农村公路危桥改造

农村公路桥梁危桥单价178万元/座，（单价测算的依据是"十二五"时期实际危桥改造项目总投资和桥梁数进行测算，附表8-8所示），部省按概算60%进行补助。

表 8-8　农村危桥改造项目"十一五"、"十二五"完成情况表

	完成桥梁数(座)	投资金额(万元)	单价(万元/座)
十一五期	934	131193.3	140.4639186
2006	49	5077	103.6122449
2007	112	10870.13	97.05473214
2008	205	26052.6	127.0858537
2009	370	64276.82	173.7211351
2010	198	24916.75	125.8421717
十二五期	1415	252922.53	178.7438375
2011	313	50847.2	162.4511182
2012	281	52106.1	185.4309609
2013	300	46608.23	155.3607667
2014	521	103361	198.3896353

3. 农村公路养护工程

农村公路养护工程按照县道 0.7 万元/公里、乡道 0.35 万元/公里、村道 0.1 万元/公里计算总投资，补助标准依照"十二五"时期的政策保持不变，部省按县道 0.7 万元/公里、乡道 0.35 万元/公里、村道 0.1 万元/公里进行补助。

4. 预防性养护

预防性养护工程单价为 20 万元/公里(单价测算依据为"十二五"时期部省实际投资)，部省补助资金按概算 100% 进行全额补助。

5. 国省干线危桥改造

国省干线危桥单价为 178 万元/座(单价测算依据为"十二五"时期实际危桥改造项目总投资和桥梁数进行测算)，部省补助资金按概算 100% 进行全额补助。

6. 国省干线地灾治理

国省干线地灾治理单价为 40 万元/公里(单价测算依据为"十

二五"时期部省投资标准为20万元/公里，建议"十三五"时期提升到40万元/公里），部省按概算100%进行全额补助。

7. 国省干线安保工程

根据"十一五""十二五"时期安保工程费用的使用情况来看，国省干线安保工程费用约占总投资的1%。部省按国省干线安保工程费用概算的100%进行全额补助。

8. 行业管理费用

根据"十一五""十二五"时期行业管理费用的使用情况来看，行业管理费用约占总投资的7%。部省按行业管理费用概算的100%进行全额补助。

(二)湖北省普通公路建养项目成本

根据表4-9普通公路新改建平均成本测算、表4-10农村公路新改建成本测算、表4-11通村公路新改建成本测算、表5-2"十一五"以来养护大修工程投资成本测算、表5-3"十一五"以来养护中修工程投资成本测算、表6-4普通公路危桥改造成本、表7-1"十二五"典型市(州)国省干线小修保养成本测算，得到湖北省普通公路建设与养护平均成本，如表8-9所示。

表8-9　湖北省普通公路建设与养护部分项目平均成本

序号	项目类型		单位	平均成本
一	公路建设			
1	国省干线	一级	万元/公里	2631
2		二级	万元/公里	756
3	农村公路	一级	万元/公里	2350
4		二级	万元/公里	603
5		县乡等级公路	万元/公里	230
6		村级公路	万元/公里	30
7		农村公路桥梁	万元/公里	1.5
二	养护工程			

续表

序号	项目类型		单位	平均成本
1	大修工程		万元/公里	212
2	中修工程		万元/公里	58
3	预防性养护		万元/公里	20
4	国省干线危桥改造工程		万元/座	178
5	国省干线安保工程			占总的1%
6	国省干线地灾治理		万元/公里	40
7	农村公路养护工程	县道	万元/公里	0.7
8		乡道	万元/公里	0.35
9		专用公路	万元/公里	0.35
10		村道	万元/公里	0.1
11	农村公路危桥改造		万元/座	178
三	行业管理			
1	行业管理费用			占总的7%
2	养护小修(含人员费用)		万元/公里	8.06

四、湖北省"十三五"普通公路需求资金测算结果(除国省干线一、二级公路)

(一)测算思路

(1)农村公路:根据第四章至第七章的研究,由于农村公路的投资主体是县级人民政府,而且从"十一五"到"十二五"期间的建设与养护情况来看,各地都能顺利完成计划目标甚至超额完成,执行情况良好。因此,建议农村公路的投资政策保持原有不变。

(2)国省干线公路养护大中修:根据"十二五"执行情况来看,地方政府对大修工程有一定的积极性,而对中修工程和预防性养护配套热情不高,因此建议大修工程按工程项目建安费的90%予以补助,而中修工程和预防性养护建议部省资金全额补助。

(3)国省干线路网结构改造工程：建议部省资金全额补助。

(二)测算结果

根据湖北省普通公路各类项目成本，再根据《湖北省公路发展"十三五"规划》相应项目"十三五"时期应完成的任务，可测算"十三五"湖北省普通公路建设与养护资金需求，见表8-10。

表8-10 湖北省"十三五"普通公路需求资金测算
（除国省干线一二级公路）

序号	项目类型	单位	里程	单价(万元/公里)	总投资(万元)	部省补助(万元)	政策补助标准
一、农村公路新改建及养护							
1	新建一级公路	公里	422	2350	991700	168800	400万元/公里
2	新建二级公路	公里	892	603	537876	44600	50万元/公里
3	县乡等级公路	公里	5000	230	1150000	150000	30万元/公里
4	村级公路	公里	50000	30	1500000	1000000	恩施州通建制村沥青水泥路项目按50万元/公里进行补助，大别山试验区按20万元/公里进行补助，贫困县按15万元/公里进行补助，其他县市按10万元/公里进行补助。平均按20万元/公里
5	农村公路新建桥梁	延米	50000	1.5	75000	75000	不超过概算的60%，且每延米不超过1.5万元
6	农村公路危桥改造工程	座	1787	178	318086	318086	全额补助
7	农村公路养护工程(县道)	公里	100780	0.7	70546	70546	补助政策不变

续表

序号	项目类型	单位	里程	单价(万元/公里)	总投资(万元)	部省补助(万元)	政策补助标准
8	农村公路养护工程(乡道)	公里	311950	0.35	109182.5	109182.5	补助政策不变
9	农村公路养护工程(专用公路)	公里	3865	0.35	1352.75	1352.75	补助政策不变
10	农村公路养护工程(村道)	公里	556485	0.1	55648.5	55648.5	补助政策不变
	小计				4809392	1993216	
二、养护大中修工程							
1	大修工程	公里	5640	212	1195680	1076112	补助概算的90%
2	中修工程	公里	11283	58	654425.6	654426	全额补助
3	预防性养护	公里	7000	20	140000	140000	全额补助
	小计				1990105.6	1870538	
三、国省干线路网结构改造工程							
1	危桥改造	座	1385	178	246530	246530	按概算全额补助
2	地灾治理	公里	1000	40	40000	40000	按概算全额补助
3	安保工程				73134	73134	是按费用总额的1%计算
	小计				359664	359664	
四、行业管理							
1	小修保养	公里	28208	8.06	227356.48	227356.48	全额补助
2	行业管理经费				511937	511937	是按费用总额的7%计算
	小计				739294	739294	
合计	前四部分				7898456	4962712	

第九章　湖北省"十三五"普通公路建养供需资金平衡测算

第一节　湖北省"十三五"普通公路建养投资政策设计原则

当前，公路交通步入新的发展阶段，公路交通发展整体上已经从过去的"瓶颈制约"发展到目前的"基本适应"，并逐步过渡到"适度超前"的新阶段。在新的发展阶段，普通公路建设面临诸多新的考验。因此，在制定新的投资政策时应当按照"尊重历史、符合实际、长远规划、动态调整"的思路，坚持"建养并重、存量优先、量力而行、体现差异、权责对等、统筹兼顾"的原则。

一、建养并重的原则

长期以来只建不养、重建轻养的现象比较突出。随着公路通车里程的不断增加，必然要从重建向建养并重转变。2011年，国务院办公厅转发发展改革委、财政部、交通运输部《关于进一步完善投融资政策 促进普通公路持续健康发展若干意见的通知》(国办发〔2011〕22号)指出，普通公路要"坚持存量优先，合理安排新建、改扩建及养护资金，做到建养并重、养护优先"。

二、存量优先的原则

坚持盘活存量、优化增量，坚持存量优先、带动增量，坚持保障路网结构安全，坚持提高养护管理水平和综合服务水平，坚持日常养护和预防性养护相结合，推动建养协调发展。

三、量力而行的原则

公路建设一定要坚持量力而行、尽力而为、实事求是的原则。加快公路交通基础设施建设步伐，促进地方经济发展的同时，要注意从自身的实际情况出发，认真测算资金需求，从项目需求与可能出发，实事求是地确定建设规模和技术标准，防止出现"钓鱼工程"、"胡子工程"。

四、体现差异的原则

实事求是体现在公路建养投资政策上，就必须根据地方经济发展水平、公路建设成本、公路行政等级与技术等级、交通流量，进行差异化投资。

五、权责对等的原则

根据公路建设养护主体的事权与支出责任相匹配的原则，优化部省投资比例，充分调动地方的积极性，引导地方合理选择公路技术标准。

六、统筹兼顾的原则

公路事业科学可持续发展离不开统筹兼顾，统筹存量盘活与增量优化的关系，统筹国省道与农村公路协调发展，统筹兼顾山区与平原公路发展等。

第二节 湖北省"十三五"普通公路建养投资资金平衡测算方法

从第四章至第七章的专项研究来看，由于农村公路的事权在地方政府，且地方政府在农村公路建养中的积极性较高，因此，若保持湖北省"十三五"普通公路的投资政策中农村公路的政策延续"十二五"时期的补助标准时，重点测算"十三五"时期湖北省国省干线

新改建项目的补助标准,同时根据地理区位因素和交通流量特点考虑差异补助。具体方法是:

总供给资金=公路建设资金+公路养护工程资金+行业管理经费

即
$$TI_{ij} = BI_{ij} + PI_{ij} + MI_{ij}$$

又
$$BI_{ij} = NBI_{ij} + CBI_{ij}$$

得
$$NBI_{ij} = TI_{ij} - PI_{ij} - MI_{ij} - CBI_{ij}$$

式中,TI_{ij}——"十三五"时期用于普通公路的总量供给资金,包括车购税、燃油税、高速公路调标费及地方政府的债券资金;

BI_{ij}——"十三五"时期用于普通公路的建设资金,包括国省干线建设资金和农村公路建设资金;

NBI_{ij}——"十三五"时期用于普通公路国省干线新改建工程项目资金;

CBI_{ij}——"十三五"时期用于普通公路中农村公路新改建工程项目资金;

PBI_{ij}——"十三五"时期用于普通公路的养护资金,包括国省干线养护大中修工程资金、农村公路养护资金和国省干线路网结构改造工程资金;

MBI_{ij}——"十三五"时期用于普通公路的行业管理经费,包括行业管理资金和小修保养费用(含人员经费)。

第三节　湖北省"十三五"普通公路建养投资资金平衡测算结果

一、不考虑差异因素的平衡测算结果

根据对"十一五"、"十二五"湖北省普通公路建养资金来源分析,经过测算得到"十三五"湖北省普通公路建养资金数量,由资金供给数量和测算得到湖北省"十三五"普通公路建养需求资金,

本团队提出三个补助方案，分别按高、中、低三套方案进行测算，结果如表9-1所示。

表9-1 "十三五"普通公路建设与养护资金需求平衡测算表

序号			单位	里程	单价（万元）	总投资	部省补助思路(万元)		
							低方案	中方案	高方案
一	公路建设					12068172			
1	国省干线	一级	公里	1792	2631	4714752	1283614	2007699	2490422
2		二级	公里	4099	756	3098844	843675.5	1319591	1636868
3	农村公路	一级	公里	422	2350	991700	168800	168800	168800
4		二级	公里	892	603	537876	44600	44600	44600
5		县乡等级公路	公里	5000	230	1150000	150000	150000	150000
6		村级公路	公里	50000	30	1500000	1000000	1000000	1000000
7		农村公路桥梁	延米	50000	1.5	75000	75000	75000	75000
二	养护工程					2904586			
1	大修工程		公里	5640	212	1195680	1076112	1076112	1076112
2	中修工程		公里	11283	58	654426	654426	654426	654426
3	预防性养护		公里	7000	20	140000	140000	140000	140000
4	国省干线危桥改造工程		座	1385	178	246530	246530	246530	246530
5	国省干线安保工程					73134	73134	73134	73134
6	国省干线地灾治理		公里	1000	40	40000	40000	40000	40000

第三节 湖北省"十三五"普通公路建养投资资金平衡测算结果

续表

序号		单位	里程	单价(万元)	总投资	部省补助思路(万元)		
						低方案	中方案	高方案
7	农村公路养护工程(县道)	公里	100780	0.7	70546	70546	70546	70546
8	农村公路养护工程(乡道)	公里	311950	0.35	109182.5	109182.5	109182.5	109182.5
9	农村公路养护工程(专用公路)	公里	3865	0.35	1352.75	1352.75	1352.75	1352.75
10	农村公路养护工程(村道)	公里	556485	0.1	55648.5	55648.5	55648.5	55648.5
11	农村公路危桥改造	座	1787	178	318086	318086	318086	318086
三	行业管理				739293.48			
1	行业管理经费				511937	511937	511937	511937
2	养护小修(含人员经费)	公里	28208	8.06	227356.48	227356.48	227356.48	227356.48
	合计					7090000	8290000	9090000

根据表9-1所得到的国省干线一、二级公路供给资金和建设规模，得到三套方案的部省补助标准如表9-2所示。

表9-2 湖北省国省干线一、二级公路补助标准

序号		单位	里程	单价(万元)	总投资	部省补助思路			"十三五"补助标准		
						低方案	中方案	高方案	低方案	中方案	高方案
一	公路建设										
1	国省干线 一级	公里	1792	2631	4714752	1283614	2007699	2490422	716	1120	1389
2	二级	公里	4099	756	3098844	843675.5	1319591	1636868	206	322	400

二、考虑差异因素的平衡测算修正结果

(一)解决"一刀切"考虑的差异因素

根据前面的研究,得到一、二级公路在一般地区和贫困地区的区域平均成本,在此基础上分别对一、二级公路在相应区域的平均成本取算数平均值,方法如下:

$$M = \frac{x_1 + x_2 + \cdots + x_n}{n}$$

用相应各区域平均成本与算数平均数的成本的比值作为差异系数 $r(f)$,国省道在贫困地区和一般地区的差异系数分别计算如表 9-3 所示(区域平均成本数字来源于表 4-7)。

表9-3 贫困地区和一般地区的国省道一级、二级投资的差异系数

公路技术等级	区域经济水平	区域平均成本(万元/公里)	平均成本(万元/公里)	差异系数 $r_1(f)$
一级	一般地区	2501	2631	0.95
一级	贫困地区	3317	2631	1.26
二级	一般地区	720	756	0.95
二级	贫困地区	839	756	1.11

由于交通量能客观地反映出各级道路的差异性,根据"十二五"期间选取的四种类型道路样本观测点交通交通量统计数据,整理如表 9-4 至表 9-7 所示。

表9-4 全省2010—2013年重要国道样本选取交通量观测站观测数据表

线路编号	观测站名称	观测站地点	观测里程	2010年国道平均日交通流量(辆/日)	2011年国道平均日交通流量(辆/日)	2012年国道平均日交通流量(辆/日)	2013年国道平均日交通流量(辆/日)
G105	付渡	黄冈:黄梅	47.91	3700	4098	7130	8203

续表

线路编号	观测站名称	观测站地点	观测里程	2010年国道平均日交通流量（辆/日）	2011年国道平均日交通流量（辆/日）	2012年国道平均日交通流量（辆/日）	2013年国道平均日交通流量（辆/日）
G106	石城	咸宁：崇阳	40.05	8847	8200	10133	6430
G107	茶庵	咸宁：赤壁	65.61	13099	13956	15037	6452
G207	埠河	荆州：公安	27	14304	11917	21127	12216
G209	茶店子	恩施：巴东	85.62	5360	7936	11103	11599
G316	陈岗	襄阳：枣阳	59.89	8806	9702	11114	13322
G318	石门店	武汉：黄陂	17.34	9955	10945	11747	7641
G318	川汉	荆州：荆州区	23.87	12386	13669	13422	8258

数据来源：全省交通量调查统计年鉴。

表9-5　全省2010—2013年一般国道样本选取交通量观测站观测数据表

规划线路编号	对应的观测线路编号	观测站名称	观测站地点	观测里程	2010年国道平均日交通流量（辆/日）	2011年国道平均日交通流量（辆/日）	2012年国道平均日交通流量（辆/日）	2013年国道平均日交通流量（辆/日）
G220	S203	七道河	黄冈：罗田	43.8	6248	7938	10549	8394
G230	S109	施岗	武汉：新洲	38.31	6750	7899	8859	8641
G234	S220	高基庙	荆州：石首	18	8450	11154	13940	12597
G240	S212	万店	随州：曾都区	45	8583	5996	8453	8255
G241	S312	雾渡河	宜昌：夷陵	75.88	6294	6630	6145	1362
G242	S248	白岩	恩施：咸丰	88.8	4176	5924	8849	9331
G328	S302	太山庙	襄阳：老河口	21.08	8723	9424	9361	9577
G346	S305	化龙	十堰：房县	47.1	6410	7418	9416	9560
G347	S311	永兴	荆门：京山	35	6562	5282	6287	6385
G348	S106	马湾	天门	32.81	6706	6012	6437	7109

续表

规划线路编号	对应的观测线路编号	观测站名称	观测站地点	观测里程	2010年国道平均日交通流量（辆/日）	2011年国道平均日交通流量（辆/日）	2012年国道平均日交通流量（辆/日）	2013年国道平均日交通流量（辆/日）
G350	S326	白果	恩施：利川	52.88	3118	2952	6601	7285
G351	S103	李沟	荆州：监利	38	9766	9425	8891	8179
G351	S102	王家月	咸宁：嘉鱼	56.11	5994	7779	6756	5336
G353	S320	马安	咸宁：通城	30.2	10902	13465	9958	10569

数据来源：全省交通量调查统计年鉴。

表 9-6　全省 2010—2013 年重要省道样本选取交通量观测站观测数据表

线路编号	观测站名称	观测站地点	观测里程	2010年国道平均日交通流量（辆/日）	2011年国道平均日交通流量（辆/日）	2012年国道平均日交通流量（辆/日）	2013年国道平均日交通流量（辆/日）
S101	凤凰	武汉：江夏	28.05	8613	8037	6234	6191
S105	马口	孝感：汉川	15.7	7994	10048	10385	11399
S108	横山	武汉：黄陂	25.47	8417	8690	8317	10404
S225	松木坪	宜昌：宜都	30.73	8470	9558	10234	9443
S201	洗马	黄冈：浠水	40.85	4712	3256	6777	5244
S208	马桥	咸宁：咸安	51.3	7760	8177	10969	11658
S217	宋堰	襄阳：襄阳	32.98	7283	8804	9763	9614
S211	长江	孝感：应城	11	7826	7714	7842	8357
S221	沙厂	荆州：公安	105.97	8682	8172	9982	10447
S254	陈店	荆州：松滋	32	5658	6490	6973	6573

数据来源：全省交通量调查统计年鉴。

表9-7 全省2010—2013年一般省道样本选取交通量观测站观测数据表

线路编号	观测站名称	观测站地点	观测里程	2011年国道平均日交通流量(辆/日)	2013年国道平均日交通流量(辆/日)
S270	尺八	荆州：监利	26.25	3708	3815
S350	六合公路站	荆州：江陵	7.763	3563	3685
S435	庆贺寺	荆州：松滋	26.243	3217	3414
S474	万店	咸宁：通城	5.143	2838	2976
S476	走桑	恩施：鹤峰	16.775	2994	3419
S479	天马	黄冈：红安	4	3358	3414
S471	薛曲	襄阳：南漳	1.698	3358	3755
S443	武董	襄阳：南漳	17.005	3255	3545
S368	石眷	襄阳：谷城	9.646	3452	3625
S477	房白	十堰：房县	6.815	2463	2946

数据来源：全省交通量调查统计年鉴。

相应地，通过对重要国道、一般国道、重要省道、一般省道样本观测点交通流量数据的加工整理，得到四类国省干线道路日平均交通流量的数据，并进行数据处理，得到其差异系数如表9-8所示。

表9-8 重要国道与一般国道差异系数

类型	2010年国道平均日交通流量(辆/日)	2011年国道平均日交通流量(辆/日)	2012年国道平均日交通流量(辆/日)	2013年国道平均日交通流量(辆/日)	4年国道平均日交通流量(辆/日)	国道年均日交通流量(辆/日)	差异系数 $r_2(f)$
重要国道	9557	10053	12602	9265	10370	7457	1.39
一般国道	7049	7664	8607	8041	7840		1.05
重要省道	7542	7895	8748	8933	8279		1.11
一般省道		3221		3459	3340		0.44

(二) 综合差异因素测算

在测算综合差异因素时需要同时考虑道路的技术等级、区域经济发展水平、道路重要性，由于道路等级不同，差异较大，因此不同等级道路差异的系数单独计算；同时为了科学合理地得到其差异系数，对一种道路等级的差异测算采用平衡叠加法来测算。

平衡叠加法的计算方法是将经济发展水平的差异系数与道路重要性差异系数相叠加，然后再进一步计算算数平均数

$$\phi(f) = \gamma_1(f) + \gamma_2(f)$$

$$\partial(F) = \sum_1^n \frac{\phi_1(f) + \phi_2(f)}{N}$$

$$Y(F) = \frac{\phi(f)}{\partial(F)}$$

测算结果如表9-9所示。

表9-9 综合差异系数测算表

序号	类型	道路技术等级	经济发展水平 $\gamma_1(f)$	道路重要性 $\gamma_2(f)$	差异系数 $Y(F)$
1	国省干线	一级公路	贫困地区 1.26	国道(重要)1.39	1.26
2				国道(一般)1.05	1.1
3				省道(重要)1.11	1.13
4				省道(一般)0.44	0.81
5			一般地区 0.95	国道(重要)1.39	1.11
6				国道(一般)1.05	0.95
7				省道(重要)1.11	0.98
8				省道(一般)0.44	0.66
9		二级公路	贫困地区 1.11	国道(重要)1.39	1.23
10				国道(一般)1.05	1.06
11				省道(重要)1.11	1.09
12				省道(一般)0.44	0.76
13			一般地区 0.95	国道(重要)1.39	1.15
14				国道(一般)1.05	0.98
15				省道(重要)1.11	1.01
16				省道(一般)0.44	0.68

(三)考虑差异因素的平衡测算修正结果

三种不同的供给资金预测得到三套不同的部省补助方案，为修正

补助标准"一刀切"的问题，将考虑测算的差异系数，具体修正方法是：
$$F(x) = Y(F)f(x)$$
经过修正后得到的补助标准如表 9-10 所示。

表 9-10 湖北省"十三五"普通公路建设与养护差异化补助标准

序号	类型	道路技术等级	经济发展水平	道路行政等级与重要性	差异系数	"十三五"建养投资政策 $f(x)$		
						低方案	中方案	高方案
1	国省干线	一级公路	贫困地区 1.26	国道(重要)1.39	1.26	750	1200	1550
2				国道(一般)1.05	1.1	650	1000	1400
3				省道(重要)1.11	1.13	650	1000	1400
4				省道(一般)0.44	0.81	500	800	1000
5			一般地区 0.95	国道(重要)1.39	1.11	650	1100	1350
6				国道(一般)1.05	0.95	550	900	1200
7				省道(重要)1.11	0.98	550	900	1200
8				省道(一般)0.44	0.66	400	550	800
9		二级公路	贫困地区 1.11	国道(重要)1.39	1.23	230	380	500
10				国道(一般)1.05	1.06	200	330	400
11				省道(重要)1.11	1.09	200	330	400
12				省道(一般)0.44	0.76	140	230	300
13			一般地区 0.95	国道(重要)1.39	1.15	220	360	400
14				国道(一般)1.05	0.98	180	320	400
15				省道(重要)1.11	1.01	180	320	400
16				省道(一般)0.44	0.68	130	210	250

第十章　湖北省"十三五"普通公路建养投资政策宏观效应分析

第一节　湖北省公路建养投资政策与经济社会发展的关系

多数研究显示，公路投资与经济社会发展存在显著正相关关系。本研究从公路投资年度完成情况、公路密度、人均GDP、城镇居民人均可支配收入、农村居民人均纯收入角度测度公路投资与经济社会发展的关系。

一、湖北省公路投资与经济增长数量关系

一方面，湖北省公路投资2001年为43.8亿元，到2014年已达到460亿元，翻了10倍多。从图10-1来看，湖北省公路投资总体上大致呈上升态势。

另一方面，从图10-2来看可知，2001年至2014年湖北省人均GDP、城镇居民人均可支配收入、农村居民人均纯收入也是呈不断上涨态势。

综合图10-1和图10-2可知，湖北省公路投资与人均GDP、城镇居民人均可支配收入、农村居民人均纯收入是同向上涨关系，即湖北省公路投资与经济增长数量呈同向上涨关系。

二、湖北省公路投资存量与经济增长情况

湖北省公路密度"十五"期间平均为47.36公里/百万平方公里，

第一节 湖北省公路建养投资政策与经济社会发展的关系 | 153

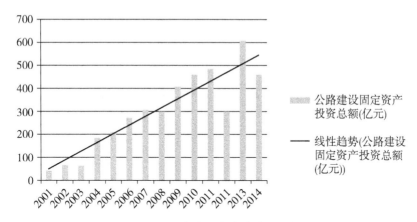

图 10-1 历年湖北省公路建设投资

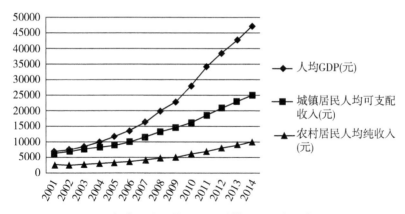

图 10-2 历年湖北省人均 GDP、城镇居民人均可支配收入、
农村居民人均纯收入

"十一五"期间为 103.09 公里/百万平方公里，到 2014 年已达到 136 公里/百万平方公里。显然，湖北省公路密度从"十五"到"十一五"增长非常迅速。从图 10-3 公路密度发展的线性趋势来看，湖北省公路密度不断增大。对比图 10-2，可以看出，湖北省公路密度与人均 GDP、城镇居民人均可支配收入、农村居民人均纯收入是同向上涨关系，即湖北省公路投资存量与经济增长数量呈同向上涨关系。

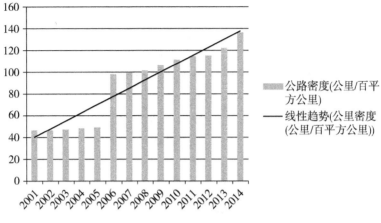

图 10-3　历年湖北省公路密度

一方面，从公路投资增量和公路投资存量两方面可以看出，湖北省普通公路建养投资不但直接促进经济增长，而且由于投资的规模效应和网络效应，提升区域内部全要素生产率，从而促进区域经济社会发展。另一方面，从经济社会发展来看，区域经济水平的提高激发区域内人员、物品、信息等交流活动的增加，引发运输需求的增加，迫使相关部门制定提高公路交通系统供给能力的政策和措施，加大公路建养投资力度。公路建养投资政策与经济社会发展之间相互作用，相互影响。

本研究第九章提出了高、中、低三套投资政策，为评估该三套政策的科学与合理性，并选择最优方案，本研究接下来分析湖北省普通公路建养投资三套政策方案与经济社会发展适应性。

第二节　湖北省普通公路建养投资政策与经济社会发展的适应性分析

一、投资政策与经济社会发展适应性分析的模型建立

(一) 模型选择

对于投资政策与经济社会发展的适应性分析，学术界通用的方

法主要有参数测算方法和非参数测算方法。参数测算方法的理论基础为生产函数估计法，即在针对实际应用问题构造生产函数的基础上，通过数学的方法设定生产前沿面上的函数参数，以此构造出生产前沿面上的前沿生产函数。目前理论界最主流的参数测算方法为随机前沿分析法。与参数测算方法不同，非参数测算方法不需要针对每一问题构造专门的生产函数以及设定其生产前沿面，可以通过大样本的实际生产点数据的比较，确定出生产的有效性标准，通过对比定位出生产前沿包络面上的相对有效点。目前理论界最主流的参数测算方法为数据包络分析法（Data Envelopment Analysis，DEA）。DEA 是以相对效率概念为基础对同类多指标投入、多指标产出经济系统的相对有效性进行评价的一种方法。DEA 的基本思路是通过对样本投入和产出数据的分析确定有效生产前沿面。近年来一些学者将 DEA 方法广泛应用于经济社会发展效率评价中，取得了较为满意的研究结果，如索贵彬运用 DEA 模型评价了我国第三产业竞争力；魏楚和沈满洪应用 DEA 模型分析了我国能源效率极其影响因素；邹鲜红和罗承友采用 DEA 方法对我国医药制造业技术创新投入与产出效率差距的分析，等等。

从湖北省公路建养投资政策与经济社会发展的关系来看，湖北省公路建养投资系统与经济发展系统是两个互相作为输入输出的复杂子系统，两者之间的相互作用关系、相互影响关系是多方位并且客观存在的，并且这种作用关系难以用函数解析式来精确地表达和描述。此外，对于这两个子系统的每个评价指标其重要程度是不同的，决策者也会对每个评价指标有不同的主观偏好。因此运用 DEA 方法进行湖北省普通公路建养投资政策与经济社会发展的适应性分析是合适的。其中，DEA 模型中综合技术效率=纯技术效率×规模效率，可用来评价湖北省普通公路建养投资政策总体上发挥的经济社会效益；纯技术效率可用来衡量湖北省普通公路建养投资政策下公路建养管理和技术等要素是否产生了最优经济社会效益；规模效率可用来判断湖北省普通公路建养投资政策下公路建养投资规模是否产生了最优经济社会效益。

(二) DEA 模型原理

构造 DEA 模型的方法如下。设有 n 个决策单元(Decision Making Units, DMU), 每个决策单元有输入向量, 输出向量, 对于任意决策单元, 基于凸性、锥性、无效性和最小性的公里假设, 有生产可能集:

$$T = \left\{ (X, Y) | \sum_{j=1}^{n} x_j \lambda_j \leq X, \sum_{j=1}^{n} y_j \lambda_j \geq Y, \lambda_j \geq 0, j = 1, 2, \cdots, n \right\} \quad (10.1)$$

不考虑最小性假设, 可得到如下 DEA 模型 C^2R:

$$\min \left[\theta - \varepsilon \left(\sum_{i=1}^{m} S_i^- + \sum_{r=1}^{s} S_r^+ \right) \right]$$

$$\begin{cases} \sum_{j=1}^{n} x_{ij} \lambda_j + S_i^- = \theta x_{ij_0}, \ i \in (1, 2, \cdots, m) \\ \sum_{j=1}^{n} y_{ij} \lambda_j - S_r^+ = y_{ij_0}, \ r \in (1, 2, \cdots, m) \\ \theta, \lambda_j, S_i^-, S_r^+ \geq 0, j = 1, 2, \cdots, n \end{cases} \quad (10.2)$$

考虑最小性假设, 引入 $\sum_{j=1}^{n} \lambda_j = 1$, 可得到 DEA 模型的 C2GS:

$$\min \left[\sigma - \varepsilon \left(\sum_{i=1}^{m} S_i^- + \sum_{r=1}^{s} S_r^+ \right) \right]$$

$$\begin{cases} \sum_{j=1}^{n} x_{ij} \lambda_j + S_i^- = \sigma x_{ij_0}, \ i \in (1, 2, \cdots, m) \\ \sum_{j=1}^{n} y_{ij} \lambda_j - S_r^+ = y_{ij_0}, \ r \in (1, 2, \cdots, m) \\ \sum_{j=1}^{n} \lambda_j = 1 \\ \sigma, \lambda_j, S_i^-, S_r^+ \geq 0, j = 1, 2, \cdots, n \end{cases} \quad (10.3)$$

其中, λ_j 为权重, S_i^- 和 S_r^+ 为松弛变量, ε 为非阿基米德无穷小量, 在计算中取正的无穷小量, 一般 $\varepsilon = 10^{-6}$。

模型(10.2)的经济含义是, 保持输出水平不降低, 以其他

DMU 的实际投入产出水平为参照，则优化目标值 θ 揭示了被评价决策单元(DMU_0)的投入要素同比例减少所能达到的最低值。当且仅当 $\theta=1$ 时，DMU_0 的至少一个投入要素已经是最低限，不能再进一步减少；如果所有投入要素都是最低限($\theta=1$ 且第一个约束方程无松施)，则称 DMU_0 处于有效边界上；当 $\theta<1$ 时，意味着 DMU_0 的投入要素存在减少的余地，可作全面等比压缩，θ 越小余地越大。模型(10.2)对 λ 的取值没有上限约束，隐含了 DMU 具有不变规模效益(CRS)的特性，用来衡量 DMU_0 的综合有效性，在得到 CRS 非有效的评价结果时，不能区分是规模非有效还是技术非有效。

模型(10.3)用来测量 DMU_0 的纯技术效率是否最佳，如果 $\sigma=1$ 且投入约束无松弛，表明 DMU_0 纯技术效率最佳，否则为 DMU_0 技术非有效。同时，利用模型(10.2)和模型(10.3)的计算结果，可以计算出 DMU 的规模有效性，规模有效性值等于 θ/σ。如果 $\theta/\sigma=1$，则该 DMU 为规模效益不变，此时 DMU_0 达到最大产出规模点；如果 $\theta/\sigma<1$，则 C^2R 模型下规模效益递减(DRS)，此时增加投入不可能带来更高比例的产出；如果 $\theta/\sigma>1$ 意味着规模效益递增(IRS)，此时增加投入将有更高比例的产出。

二、投资政策与经济社会发展适应性分析的指标选取

运用数据包络分析法对效率进行测度，构建合理的、准确的投入-产出指标体系是其前提条件，更是分析的关键步骤。指标的选取首先需要全面覆盖经济活动的投入-产出的内容；指标的选取还需要准确，要在能够反映投入-产出内容的相关指标中，甄别出最具代表性的部分。就公路建养投资政策与经济社会发展适应性而言，公路建养投资系统是一个多目标、多层次、多因素的复杂系统，因此，公路建养投资政策与经济社会发展适应性评价指标体系应是由若干个单项指标构成的有机整体，它应该能够反映公路建养投资政策与经济社会发展各个方面的适应情况及适应程度，对系统当前的运行状态进行恰当的

评价。公路建养投资政策与经济社会发展适应性的主要问题最终可以转化为公路网的建养投资效率问题。基于此，本研究指标体系的构建是在对公路网的规模、结构、布局、负荷、发展速度及管理等方面特性进行分解的基础上，结合湖北省公路实际，建立起与湖北省公路网发展的各个特性相对应的若干评价指标。

在选择基础设施投资效率研究投入的变量时，越来越多的研究者开始认识到货币的波动、基础设施投资成效发挥滞后但持久等因素都是影响投资效率准确性的重要因素，并且研究证明，在特定时期内基础设施的存量对于产出的贡献更为显著，因此还原出新古典的"技术关系"，以基础设施的物理形态作为投入。为此，本研究认为在构建指标体系时，以物理形态反映的原始技术关系与投资额反映的货币技术关系对于交通基础设施效率的测度均十分必要，最终选择以货币形式的公路投资反映增量、以物理形态的公路密度反映存量。

在关注投入指标的选取时，产出指标的选取同样直接影响着评价结果的可靠性。选取的产出指标要能全面、准确地衡量公路投资配置效果。根据基础设施的经济增长理论，结合众多以非参数方法研究基础设施投资绩效的文献，确定选取以反映经济发展程度的人均GDP和反映居民生活水平的居民收入，作为公路投资经济作用的评价指标。关于居民收入，现有统计年鉴分城镇和农村居民，本研究选择城镇居民平均可支配收入和农村居民平均纯收入作为产出指标。

综上所述，本研究在借鉴已有文献关于交通基础设施（特别是公路）投资效率研究所涉及的投入-产出指标的基础上，结合本研究对投资效率的定义，充分考虑指标数据的可获得性，最终确定以公路投资、公路密度作为投入指标，以人均GDP、城镇居民平均可支配收入和农村居民平均纯收入作为产出指标（如表10-1所示）。

表 10-1　　湖北省普通公路投资效率评价体系

投入		产出		
湖北省普通公路投资年度投资完成	公路密度	人均 GDP	城镇居民人均可支配收入	农村居民人均纯收入

三、投资政策与经济社会发展适应性评价

根据湖北省普通公路投资效率评价体系，投入指标：Y_1 = 湖北省普通公路投资年度投资完成（亿元）；Y_2 = 公路密度（公里/百平方公里）。产出指标：Y_3 = 人均 GDP（元）；Y_4 = 城镇居民人均可支配收入（元）；Y_5 = 农村居民人均纯收入（元）。本研究测算"十三五"期间湖北省普通公路投资政策与经济社会发展适应性。鉴于本研究于 2015 年开展，故 2015 年投资参与评价。

运用 DEA-SOLVER 软件，在 CCR 模型中求出各年湖北省公路投资政策的综合效率，在 C^2GS^2 模型中求出各年湖北省公路投资政策的纯技术效率，最后得出规模效率。三套投资方案的适应性评价结果见表 10-2。

表 10-2　　湖北省公路高、中、低三套投资政策与经济社会发展适应性评价结果

	年份	综合效率	纯技术效率	规模效率	规模效益
高方案	2015	0.834	0.977	0.854	irs
	2016	0.841	0.921	0.913	irs
	2017	1	1.066	0.938	drs
	2018	1	1.034	0.967	drs
	2019	1	1.01	0.99	drs
	2020	1	1	1	—
	平均	0.946	1.001	0.944	

续表

	年份	综合效率	纯技术效率	规模效率	规模效益
中方案	2015	0.831	0.992	0.838	irs
	2016	0.896	1	0.896	irs
	2017	1	1	1	—
	2018	1	1	1	—
	2019	1	1	1	—
	2020	1	1	1	—
	平均	0.955	0.999	0.956	
低方案	2015	0.804	0.983	0.818	irs
	2016	0.876	1	0.876	irs
	2017	0.909	1	0.909	irs
	2018	0.947	1	0.947	irs
	2019	0.979	1	0.979	irs
	2020	1	1	1	—
	平均	0.919	0.997	0.922	

四、投资政策与经济社会发展适应性结果分析

通过对湖北省 2015—2020 年间普通公路建养相关指标的处理，运用 DEA 模型对湖北省普通公路建设投资效率的综合效率指标、纯技术效率指标、规模效率指标进行了比较研究，得到以下结论：

从综合效率来看，中方案平均综合效率高于高方案和低方案；从纯技术效率来看，中方案平均纯技术效率为 0.999，接近 1（有效），优于高方案和低方案平均纯技术效率略；从规模效率来看，中方案平均规模效率为 0.956，也优于高方案和低方案。此外，从历年的规模效益来看，中方案从 2017 年开始到 2020 年，规模效益有效，而高方案和低方案的规模效益仅 2020 年有效。

综上所述，中方案与经济社会发展适应性最强，选择中方案作

为湖北省普通公路建养投资政策更科学与合理。

五、普通公路建养投资政策动态调整机制

(一)计划执行完成率

计划执行完成率是描述湖北省普通公路建养政策执行情况的关键性指标,通过统计湖北省"十一五"、"十二五"期间相关建养项目的计划执行完成率的情况如表10-3所示。

表10-3　湖北省相关建养项目计划执行完成率情况

项目		"十一五"	"十二五"
国省干线	一级公路	104%	56%
	二级公路	101%	53%
	大修养护	99%	93%
	中修养护	100%	78%
	二级公路	100%	78%
	县乡等级公路	106%	102%
	通村公路	112%	100%
平均完成率		103%	80%

湖北省"十二五"期间平均计划执行完成率是80%,如果分别以10%的比例为浮动区间的话,得到两个临界点,即70%和90%,我们界定计划执行完成率在90%以上时完成情况较好,称为投资政策"稳定期",如果计划执行完成率在70%以下时计划执行完成率较差,我们称为投资政策"调整期",在70%—90%区间时计划执行完成情况一般,我们称为投资政策"观察期"。

(二)投资政策动态调整机制

总结前面的研究,我们得到普通公路建养投资政策动态调整机制,如图10-4所示。

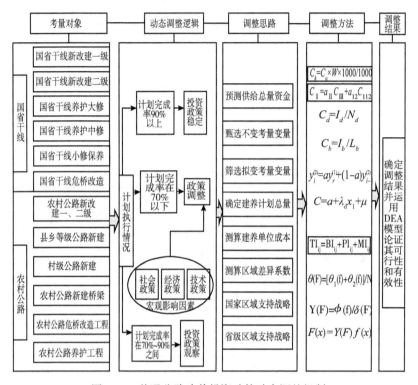

图 10-4 普通公路建养投资政策动态调整机制

第十一章 湖北省普通公路建养投资政策研究的相关政策建议

第一节 湖北省普通公路建养投资体制改革建议

一、在管理体制上，明确责任主体

在投资体制上国道按照"国道国管"，省道按照"省道省管，省市县共建"，农村公路按照"县级人民政府为责任主体，以县级财政投入为主、部省以奖代补"，国省干线征地拆迁成本由地方政府承担。

二、在资金拨付体系上，明确专项资金使用范围

在管理体制上存在的事权模糊、筹资责任主体不明晰问题，这给税费改革后中央转移支付专项资金的转移支付层级带来困扰。目前，各部门在对专项资金应由省级统一安排或是转移支付到市县财政方面存在较大分歧。对此，交通主管部门应该明确由省级统一安排，由省级公路行政管理部门对专项资金的使用实施管理权，以保证专项资金的专款专用。

第二节 制定科学合理的投资政策测算方法

一、总量测算达到供需平衡

通过科学预测湖北省"十三五"期间用于普通公路的供给资金

总量情况，调整各项目板块部省补助资金，以此来调整全省普通公路建设与养护资金的供需平衡关系，具体测算方法如下：

$$TI_{ij} = BI_{ij} + PI_{ij} + MI_{ij}$$

二、区域差异化测算促进均衡发展

为体现区域差异，更好地促进各区域均衡协调发展，需要科学合理制定普通公路建设与养护在区域差异上的投资政策，具体测算方法如下：

$$F(x) = Y(F)f(x)$$

第三节 湖北省普通公路建养投资政策改革建议

一、新改建工程部省补助标准

根据湖北省"十三五"普通公路建设与养护差异系数测算和三套补助方案，得到具体投资政策与差异化系数关系，具体的投资政策建议选择中方案。见表 11-1 所示。

二、国省道大中修工程部省补助标准

结合"十二五"各地区执行养护大中修计划的实际情况，以及"十三五"湖北省普通公路建养资金供给的测算，建议"十三五"时期对大修工程补助为预算的 90%，中修工程补助为预算的 100%，预防性养护予以全额补助的标准。

三、国省干线危桥改造工程

由于"十二五"各地区执行情况较好，建议政策不变。仍为国省道危桥按项目建安费全额予以补助，农村公路危桥改造工程按项目建安费全额予以补助。但地方应加强对当地桥梁的监管，保证桥梁的正常使用寿命。

表 11-1　　湖北省"十三五"普通公路建设与
　　　　　　养护差异化补助标准　　单位：万元/公里

序号	类型	道路技术等级	经济发展水平	道路行政等级与重要性	"十三五"建养投资政策建议
1	国省干线	一级公路	贫困地区 1.26	国道(重要)1.39	1400
2				国道(一般)1.05	1200
3				省道(重要)1.11	1200
4				省道(一般)0.44	900
5			一般地区 0.95	国道(重要)1.39	1200
6				国道(一般)1.05	1000
7				省道(重要)1.11	1000
8				省道(一般)0.44	750
9		二级公路	贫困地区 1.11	国道(重要)1.39	400
10				国道(一般)1.05	350
11				省道(重要)1.11	350
12				省道(一般)0.44	250
13			一般地区 0.95	国道(重要)1.39	370
14				国道(一般)1.05	320
15				省道(重要)1.11	320
16				省道(一般)0.44	220

四、小修保养

全省公路行业事业单位改革滞后于国家事业单位改革和国家财政预算体制改革，全省小修保养经费包含养护人员基本支出和项目支出，财政预算体制改革要求事业单位人员支出、项目支出应单独编制预算列支，在城镇职工工资多次大幅上调，但小修保养经费多年不调增的情况下，养路工收入难以正常上调，公路部门陷入了养路工减少、上路率不高、养路质量下降的困境，并频频遭遇社会各界的指责和误解，不利于公路事业可持续发展。因此，小修保养的建议是（该补助标准包含人员经费和项目经费）：列养公路每公里每年8.06万元，其中含人员经费每公里每年2.4万元。

五、加强设施设备保障条件

普通公路基础设施、技术装备、管理水平等长期落后于社会经济发展水平，补助投资标准与实现基础设施现代化、技术装备机械化、专业化，管理科学化、信息化之间存在较大的资金缺口，建议制定完善"十三五"公路养建发展规划目标，提高补助投资标准，具体建议如下：

（一）站点布局

应建立"省、区域、市、县"四级应急保障中心，每个区域性或市州级应急中心建设补助应不低于500万元、设备补助应不低于1000万元，每个县级中心建设补助应不低于150万元、设备补助应不低于200万元。确保每个县市区建立1~2个机械化公路站，每个站建设补助应不低于100万元、设备补助应不低于100万元。新增国省道每50公里设置一个公路站，每个站建设补助应不低于50万元、设备补助应不低于30万元。新增国省道省级出口路段或节点路段应设置部级或省级治超站，每个治超站建设补助应不低于100万元、设备补助应不低于50万元。新增国省道应在交通节点路段增设交通量观测站，每个观测站建设补助应不低于10万元、设备补助应不低于20万元。

（二）建养机械化设备

县级及以上应急保障中心应配备一套完整的沥青混凝土拌合、运输、摊铺、压实设备，一套完整的水泥混凝土拌合、运输、摊铺、压实设备。机械化公路站应至少配备沥青混凝土开凿机、水泥混凝土破碎机、小型沥青撒布车、30型水泥混凝土搅拌机、平板及插入式振捣机、提浆机、磨光机、运输车、双钢轮压路机等中小型设备。公路站应至少配备割草机、路面清缝机、灌缝机、路面洗刨机、划线机、手扶式1T压路机、清扫车等小型设备。

(三)信息化管理系统

应建立"省、市、县、站场"四级公路信息化管理系统,包括机关办公自动化子系统、路网监控及应急处置子系统、危险路段及危桥视频监控子系统、交通量自动观测子系统、路网信息发布子系统等。系统设施设备建议补助标准为:市州级应不低于500万元、县级应不低于300万元。

附表一 "十三五"普通公路建设与养护资金供需平衡测算表

序号			单位	里程	单价（万元）	总投资	部省补助思路(万元)		
							低方案	中方案	高方案
一	公路建设					12068172			
1	国省干线	一级	公里	1792	2631	4714752	1283614	2007699	2490422
2		二级	公里	4099	756	3098844	843675.5	1319591	1636868
3	农村公路	一级	公里	422	2350	991700	168800	168800	168800
4		二级	公里	892	603	537876	44600	44600	44600
5		县乡等级公路	公里	5000	230	1150000	150000	150000	150000
6		村级公路	公里	50000	30	1500000	1000000	1000000	1000000
7		农村公路桥梁	延米	50000	1.5	75000	75000	75000	75000
二	养护工程					2904586			
1	大修工程		公里	5640	212	1195680	1076112	1076112	1076112
2	中修工程		公里	11283	58	654426	654426	654426	654426
3	预防性养护		公里	7000	20	140000	140000	140000	140000
4	国省干线危桥改造工程		座	1385	178	246530	246530	246530	246530
5	国省干线安保工程					73134	73134	73134	73134

续表

序号		单位	里程	单价(万元)	总投资	部省补助思路(万元)		
						低方案	中方案	高方案
6	国省干线地灾治理	公里	1000	40	40000	40000	40000	40000
7	农村公路养护工程(县道)	公里	100780	0.7	70546	70546	70546	70546
8	农村公路养护工程(乡道)	公里	311950	0.35	109182.5	109182.5	109182.5	109182.5
9	农村公路养护工程(专用公路)	公里	3865	0.35	1352.75	1352.75	1352.75	1352.75
10	农村公路养护工程(村道)	公里	556485	0.1	55648.5	55648.5	55648.5	55648.5
11	农村公路危桥改造	座	1787	178	318086	318086	318086	318086
三	行业管理				739293.48			
1	行业管理经费				511937	511937	511937	511937
2	养护小修(含人员经费)	公里	28208	8.06	227356.48	227356.48	227356.48	227356.48
	合计					7090000	8290000	9090000

附表二　不考虑差异因素的"十三五"普通公路建养补助标准

序号			单位	里程	单价（万元）	总投资（万元）	部省补助思路（万元）			"十三五"补助标准(万元/公里)		
							低方案	中方案	高方案	低方案	中方案	高方案
一	公路建设											
1	国省干线	一级	公里	1792	2631	4714752	1283614	2007699	2490422	716	1120	1389
2		二级	公里	4099	756	3098844	843675.5	1319591	1636868	206	322	400

附表三　考虑差异因素的"十三五"普通公路建养补助标准

序号	类型	道路技术等级	经济发展水平	道路行政等级与重要性	差异系数	"十三五"建养投资政策（万元/公里）		
						低方案	中方案	高方案
1	国省干线	一级公路	贫困地区 1.26	国道(重要)1.39	1.26	900	1400	1750
2				国道(一般)1.05	1.1	800	1200	1500
3				省道(重要)1.11	1.13	800	1200	1500
4				省道(一般)0.44	0.81	600	900	1100
5			一般地区 0.95	国道(重要)1.39	1.11	800	1200	1500
6				国道(一般)1.05	0.95	650	1000	1300
7				省道(重要)1.11	0.98	650	1000	1300
8				省道(一般)0.44	0.66	500	750	900
9		二级公路	贫困地区 1.11	国道(重要)1.39	1.23	250	400	500
10				国道(一般)1.05	1.06	220	350	420
11				省道(重要)1.11	1.09	220	350	420
12				省道(一般)0.44	0.76	150	250	300
13			一般地区 0.95	国道(重要)1.39	1.15	240	370	460
14				国道(一般)1.05	0.98	200	320	400
15				省道(重要)1.11	1.01	200	320	400
16				省道(一般)0.44	0.68	140	220	270

附表四 湖北省"十三五"普通公路建养投资政策比对

序号	项目			"十三五"投资政策建议	"十二五"投资政策
一	公路建设				
1	国省干线	一级公路	贫困地区 重要国道	1400万元/公里	未通高速500万元/公里 已通高速400万元/公里
2			贫困地区 一般国道	1200万元/公里	
3			贫困地区 重要省道	1200万元/公里	
4			贫困地区 一般省道	900万元/公里	
5			一般地区 重要国道	1200万元/公里	
6			一般地区 一般国道	1000万元/公里	
7			一般地区 重要省道	1000万元/公里	
8			一般地区 一般省道	750万元/公里	
9		二级公路	贫困地区 重要国道	400万元/公里	1.没有新改建桥梁的二级公路：水泥砼、沥青砼路面100万元/公里，沥青碎石路面70万元/公里，2.有新改建桥梁的二级公路：水泥砼、沥青砼路面100万元/公里，沥青碎石路面70万元/公里，新改建桥梁按建安费补助，补助总投资不得超过400万元/公里
10			贫困地区 一般国道	350万元/公里	
11			贫困地区 重要省道	350万元/公里	
12			贫困地区 一般省道	250万元/公里	
13			一般地区 重要国道	370万元/公里	
14			一般地区 一般国道	320万元/公里	
15			一般地区 重要省道	320万元/公里	
16			一般地区 一般省道	220万元/公里	

续表

序号	项目		"十三五"投资政策建议	"十二五"投资政策
17	农村公路	一级	400万元/公里	400万元/公里
18		二级	150万元/公里	50万元/公里
19		县乡公路改造	50万元/公里	30万元/公里
20		通村公路	恩施州、大别山试验区20万元/公里、贫困县15万元/公里,其他县市10万元/公里	恩施州、大别山试验区20万元/公里、贫困县15万元/公里,其他县市10万元/公里
21		农村公路桥梁	按1.5万元/延米补助	按1.5万元/延米补助
二	养护工程			
1	国省道大修		按项目预算投资补助90%	路面宽9米以下90万元/公里,路面宽9米以上12米以下100万元/公里,路面宽12米以上15米下130万元/公里,路面宽15米以上160万元/公里
2	国省道中修		按项目预算投资全额补助	路面宽9米以下50万元/公里,路面宽9米以上12米以下60万元/公里,路面宽12米以上15米下80万元/公里,路面宽15米以上100万元/公里
3	预防性养护		20万元/公里(按5%的破损率计算)	
4	国省道危桥改造		按"十二五"政策执行	按建安费和设计费补助
5	安保工程		国省道:不超过10万元/公里,农村公路:不超过6万元/公里	国省道:不超过5万元/公里,农村公路:不超过4万元/公里

续表

序号	项目	"十三五"投资政策建议	"十二五"投资政策
6	地灾治理	40万元/公里	不超过20万元/公里
7	农村公路养护	按"十二五"政策执行	县道7000元/公里，乡道3500元/公里，村道1000元/公里
8	农村公路危桥改造	按"十二五"政策执行	重建类：县道中桥和乡道大桥按2000元/平方米，最高不超过概算60%补助；加固类：县道中桥和乡道大桥按1000元/平方米，最高不超过概算60%补助
9	国省道小修保养	列养公路平均每公里每年8.06万元	列养公路平均每公里每年3万元
三	站场建设		
1	公路应急保障中心	补助标准：市州级1500万元/个（其中：设备不低于1000万元）；县级350万元/个（其中：设备不低于200万元）	县级100万元/个
2	公路站	补助标准：新增机械化站200万元/个（其中：设备不低于100万元）；新增普通站100万元/个（其中：设备不低于50万元）	机械化站50万元/个
3	治超站	补助标准：新增站100万元/个（其中：设备不低于50万元）	
4	交通量观测站	补助标准：新增站30万元/个（其中：设备不低于20万元）	不超过20万元/个

参 考 文 献

[1] Harold Bierman, Jr. and Seymour Smidt. Advanced Capital Budgeting: Refinements in the Economic Analysis of Investment Projects[M]. New York, N.Y.: Routledge, 2007.

[2] Evelina M. Tainer. Using Economic Indicators to Improve Investment Analysis[M]. 3rded. Hoboken, N.J: Wiley, 2006.

[3] Ian Alexander, Clive Harris. The Regulation of Investment in Utilities: Concepts and Applications[R]. Washington DC: World Bank, 2005.

[4] 庞松. 公路基础设施建设投融资政策调整研究[D]. 武汉理工大学, 2002.

[5] 都成祥. 公路建设筹资及其决策问题研究[D]. 武汉理工大学, 2004.

[6] 交通部规划研究院. 我国农村公路规划发展概况6[R]. 2003.

[7] 张树森. BT投融资建设模式[M]. 北京: 中央编译出版社, 2006.

[8] 张宇锋. 融资租赁实务指南[M]. 北京: 法律出版社, 2008.

[9] 黄明祝. 关于政府投资项目后评价的思考与建议[J]. 中国工程咨询, 2009(11): 34-35.

[10] 李晓丁. 论政府投资项目后评价制度建设[J]. 社会科学战线, 2008(6): 271-272.

[11] 于艳春, 赵尘, 于艳红. 农村公路建设项目后评价模型的研究及应用[J]. 内蒙古农业大学学报(自然科学版), 2010(4): 185-189.

[12] 袁玉玲,王选仓,王朝辉. 公路建设投资决策系统分析及评价[J]. 公路,2008(5):133-139.

[13] 郑承松. 公路运输行业管理发展战略当议[J]. 江苏交通,2002(6).

[14] 汪鸣. 对公路运输发展战略问题的再认识[J]. 汽车与运输,2009(8).

[15] 柳茂森. 论公路运输价格形成机制的改革[J]. 综合运输,2001(8).

[16] 孙晓飞. 道路运输节能政策的演变及启示[J]. 湖南运管,2011(3).

[17] 牛晓棠,汪鸣. 新形势下我国公路运输发展的关键问题[J]. 综合运输,2007(7).

[18] 陈为. 湖南省公路运输结构调整与优化[J]. 公路与汽运,2008(4).

[19] 黄静兰. 公路运输结构现状分析及调整建议[J]. 公路交通科技,2002(5).

[20] 颜飞. 公路运输的交易治理与经济管制[D]. 西安:长安大学2008年博士学位论文.

[21] 刘晓辉. 广西普通公路政府融资平台信贷融资问题及建议[J]. 交通财会,2012(1):34-39.

[22] 古尚宣. 创新普通公路筹融资政策的研究[J]. 交通财会,2009(12):4-9.

[23] 周国光,俸芳. 欧洲公路特许经营的特点及启示[J]. 中外公路,2008(1):194-197.

[24] 周伟,马书红. 基于木桶理论的公路交通与经济发展适应性研究[J]. 中国公路学报,16(3):77-82.

[25] 郑建华. 新形势下我市普通国省干线公路养护管理探索[J]. 交通科技,2010(10):168-169.

后　　记

还记得是我刚就任湖北省公路管理局局长，上任伊始总是在思考如何基于湖北公路的现状，突破障碍和困境，找到发展之路。那时，湖北省普通公路行业反映最强烈的现象就是普通公路建设与养护的投资政策问题。当时的投资政策对湖北省普通公路"十一五"、"十二五"期间的发展起到了积极作用，随着经济社会快速发展和各类体制改革的深入，现行的政策已经不能完全适应我省普通公路建设与养护的发展要求，如国省补助标准偏低，地方政府在普通公路的建设与养护上配套困难，直接导致普通公路的建设项目执行率降低。于是就萌发了针对这一突出问题展开专项研究的想法。

本书的成果获得了多项荣誉，研究凝聚了湖北省交通运输厅公路管理局、荆州市公路管理局和湖北交通职业技术学院的广大专家和科研工作者的心血和智慧。感谢武汉大学出版社胡荣女士的鼎力相助，得以使本书面世。

感谢致力于湖北公路事业改革和发展近40年的湖北省荆州公路管理局原局长徐柏才教授级高工，为课题的研究倾注了大量心血，以丰富的行业经验和智慧指导课题研究；感谢湖北交通职业技术学院校长陈方晔教授，精湛的学术造诣令我钦佩不已；感谢湖北交通职业技术学院原副校长陈方先教授级高工，正直善良的品格让我受益匪浅；感谢湖北交通职业技术学院副校长李全教授，扎实严谨的治学态度给了我们许多的指导和帮助；感谢荆州公路局副局长崔恒凤高工、徐浩高工、孙玮高工、马健林工程师、代丙宇工程师、徐慧工程师、鲁国工程师等，在整个项目进展过程中协助收集翔实的一手资料，为项目的顺利完成给予了很大的支持；感谢湖北交通职业学院邹珺博士、张颖博士、李峰讲师，夜以继日、不辞辛劳地参与研究，为本书的撰写工作付出了大量劳动；还要感谢湖北省交通运输厅公路管路局的肖开锋处长、吕厚全处长、詹勇处长、刘颖副处长，我的这些同事们在项目开展中始终如一、不离不弃地为课题研究提供了大量翔实的数据，为本书的出版付出了巨大的心血。

天行健，君子以自强不息；地势坤，君子以厚德载物。

熊友山
2017年5月1日